MW00779333

10/21

Confucio

ANALECTAS

el manga

Confucio

Analectas

el manga

la otra h

Diseño de la cubierta: la otra h
Traducción: Marta E. Gallego Urbiola, DARUMA Serveis Lingüístics, S.L.
Rotulación: Acrobat Estudio
Título original: Manga de dokuha, Analects

Edición original japonesa publicada por East Press Co., Ltd.
Edición española publicada gracias al acuerdo con East Press Co., Ltd.
a través de The English Agency (Japan), Ltd.

© 2016, la otra h, Barcelona
© Variety Art Works, East Press Co., Ltd.

ISBN: 978-84-16540-60-0

Imprenta: QPPRINT
Depósito legal: B- 9567-2016
Printed in Spain

la otra h
www.laotrah.com

Índice

AnaLectas

Primera parte

Confucio
ANALECTAS
Personajes principales

Confucio

Este sabio de la antigua China
se quedó huérfano de pequeño,
pero superó las adversidades
y se esmeró por recibir una
buena educación, que le llevó
a convertirse en un erudito
nómada. Inculcó sus ideales a
más de tres mil discípulos,
que propagaron sus enseñanzas primero por toda China
y luego por el resto de Asia.

Muu Ushiyama

Profesora que parece una vaca,
la mires por donde la mires.
Siente un gran respeto por
Confucio y conoce las
Analectas al dedillo.

*N. de la T: El nombre Confucio escrito fonéticamente
en japonés (Kou-shi) también puede leerse "ko-ushi", que significa «vaquita».

Akari Amano
Amiga de la infancia y compañera de clase de Hitoshi. Es muy inteligente, pero no asiste a clase.

Hitoshi Iida
Un estudiante de secundaria normal y corriente, con un gran corazón.

En el siglo XXI, las Analectas se convierten en una guía para la humanidad.

Jefe de estudios
Se lleva una buena bronca por pasarse de estricto con sus alumnos.

Tsutomu Sugiyama
Compañero de clase de Iida. Saca buenas notas, pero tiene muy mal carácter.

Índice

Sabiduría

ESTA-
MOS
EN EL
SIGLO
XXI.

SIN
EMBAR-
GO...

ES-
TAMOS
EN EL
SIGLO
XXI. SIN
EMBAR-
GO...

ESTA-
MOS
EN EL
SIGLO
XXI.
SIN
EM-
BAR-
GO...

ESTAMOS EN EL SIGLO XXI. SIN EMBARGO...

Moneda	Cambio monetario
Euro	90.02
Libra esterlina	132.98
Dólar EEUU	147.81
Franco Suizo	81.05
Dólar canadiense	87.76
	83.24
	64

NO
TENEMOS
FUTURO.

U...

¡¡UAAAH!!

U...

¿UNA
VACA!?

¡¡LLEVA
UN DIS-
FRAZ O
ALGO?

¿ESTO
QUÉ
ES, LA
CÁMARA
OCULTA?

TÍO,
ES UNA
VACA... LA
MIRES POR
DONDE LA
MIRES.

BA

BA

BA

BA

BA

NO SE SULFURE, HOMBRE.

HE VENIDO A SUSTITUIR A SU TUTORA, ¿NO?

DEJE QUE YO ME ENCARGUE DE ÉL.

SI USTED LO PREFIERE...

¡HI-TO-SHI IIDA!

S... ¿SÍ?

¿TIENES ALGO MÁS QUE AÑADIR?

SÍ... QUE LO SIENTO MUCHO.

¡MUY BIEN!

TEN MÁS CUIDADO LA PRÓXIMA VEZ.

¿EH? AH... ¡VALE!

EL MAESTRO DIJO: "SIN DUDA ES UN ERROR NO ENMENDAR UN ERROR".

ES UN ERROR NO ENMENDAR UN ERROR.

A VIDA LARGA VAMOS EQUIVO-ARNOS UCHAS ECES.

PERO NEGANDO LA EXISTENCIA DE ESOS ERRO-RES SOLO EMPEORA-REMOS LA SITUACIÓN.

SI COME-TEMOS UN FALLO Y NO TRATAMOS DE ENMEN-DARLO...

...ES CUANDO ESTAMOS COMETIENDO EL VERDADE-RO ERROR. ¿LO ENTIEN-DES?

SÍ...

ASÍ ME GUSTA.

ESO ES TODO, ENTONCES.

DE... ¿DE QUÉ VA ESTA PROFE?

PE... PERDONE...

¿MÁS PREGUNTAS? NO HAY PROBLEMA, ADELANTE.

POR... ¿POR QUÉ PARECE UNA VACA?

¡BIEN! ¡ESO QUERÍA SABER YO!

SIGUIENTE PREGUNTA.

¿QUE PAREZCO UNA VACA?

¡¡JA JA JA!!

¡¡SE HA ESCAQUEADO!!

DIING DAANG DOONG DAANG

ALGUNOS DÍAS DESPUÉS...

¡PROFESORA MUU!

!

¿JUEGA CON NOSOTRAS?

AL FINAL NO LOGRAMOS DESCUBRIR QUÉ ERA EN REALIDAD LA PROFESORA MUU.

AL PRINCIPIO NOS CHOCÓ UN POCO A TODOS.

PERO PRONTO LA ACEPTAMOS ENTRE NOSOTROS Y SE HIZO MUY POPULAR.

¡MENUDA FUERZA!

¡YO NO HAGO NADA A MEDIAS!

¡PERO CÓRTESE UN POCO!

¡ESTA NOS QUIERE MATAR!

¡SE SALE, SEÑO!

SE LLEVABA BIEN CON TODOS LOS ALUMNOS, SIN EXCEPCIÓN.

ERA MUY BUENA PROFESORA.

AUNQUE FUERA UNA VACA.

BUENO, HOY SEGUIREMOS POR LA PÁGINA 25.

LEE EL TEXTO, IIDA.

SÍ.

A VER...

"¿NO ES UNA ALEGRÍA APRENDER ALGO Y DESPUÉS PONERLO EN PRÁCTICA A SU DEBIDO TIEMPO?"

"¿NO ES UN PLACER TENER AMIGOS QUE VIENEN DE LEJOS?"

"¿NO ES RASGO DE UN CABALLERO NO INCOMODARSE CUANDO SE IGNORAN SUS MÉRITOS?"

PUES... NO ME HE ENTERADO DEMASIADO...

¿ALGUIEN PUEDE EXPLICÁRNOSLO?

¿NOS PUEDES EXPLICAR DE QUÉ NOS HABLA EL TEXTO?

NO PASA NADA. PUEDES SENTARTE.

...

¿NO? QUÉ LÁSTIMA, PORQUE TIENE MUCHA MIGA.

TENDRÍAIS QUE INTENTAR ENTENDER LAS COSAS Y NO SOLO LIMITAROS A PRONUNCIAR LAS PALABRAS.

BIEN, VAMOS A ANALIZAR ESTA CITA.

REPITÁMOSLAS DESDE EL PRINCIPIO.

EL MAESTRO DIJO: "¿NO ES UNA ALEGRÍA APRENDER ALGO Y DESPUÉS PONERLO EN PRÁCTICA A SU DEBIDO TIEMPO?"

EL MAESTRO DIJO: "¿NO ES UNA ALEGRÍA APRENDER ALGO Y DESPUÉS PONERLO EN PRÁCTICA A SU DEBIDO TIEMPO? ¿NO ES UN PLACER TENER AMIGOS QUE VIENEN DE LEJOS? ¿NO ES RASGO DE UN CABALLERO NO INCOMODARSE CUANDO SE IGNORAN SUS MÉRITOS?"

"¿NO ES UN PLACER TENER AMIGOS QUE VIENEN DE LEJOS? ¿NO ES RASGO DE UN CABALLERO NO INCOMODARSE CUANDO SE IGNORAN SUS MÉRITOS?"

SE TRATA DEL PRIMER PENSAMIENTO QUE APARECE EN LAS ANALECTAS DE CONFUCIO.

¿QUÉ SON LAS ANALEC- TAS?

MUY BUENA PRE- GUN- TA.

LAS ANALECTAS SON UNA RECOPILA- CIÓN DE LOS PENSAMIEN- TOS E IDEAS DE CON- FUCIO.

PERO EN REALIDAD NO FUE ÉL QUIEN LAS REDACTÓ, SINO QUE FUE- RON SUS DISCÍ- PULOS QUIENES LAS RECOPILARON DESPUÉS DE SU MUERTE.

CONFUCIO, FUNDADOR DEL CONFUCIANISMO, FUE UN SABIO CHINO QUE VIVIÓ ENTRE LOS SIGLOS VI Y V A. C.

VIAJÓ POR TODO EL PAÍS PROMULGANDO SU DOCTRINA DE VIDA, QUE SE BASABA EN RECUPERAR LOS PRECEPTOS Y PRINCI- PIOS DE LOS SABIOS DE LA ANTIGÜEDAD PARA ASÍ CREAR UNA SOCIEDAD FUNDA- MENTADA EN LA RECTITUD Y LA CORRECCIÓN.

"El Maestro dijo"

El Maestro = Confucio

AUNQUE NOSOTROS LO CONOCEMOS COMO CONFUCIO, SU VERDADERO NOMBRE EN CHINO MANDARÍN ERA KUNG-FUZI, QUE SIGNIFICA "MAESTRO KUNG".

POR ESO LA MAYORÍA DE LAS CITAS EMPIEZA CON LA EXPRESIÓN "EL MAESTRO DIJO".

"Confucio dijo"

Traducción tradicional del nombre Kung-fuzi = Confucio.

AUNQUE EN OTRAS OCASIONES APARECE TAMBIÉN MENCIONADO COMO "CONFUCIO".

NO OS CONFUNDÁIS, ¿DE ACUERDO? EL "MAESTRO" A SECAS Y "CONFUCIO" SON LA MISMA PERSONA.

COMO OS HE DICHO ANTES, FUERON SUS DISCÍPULOS LOS QUE DECIDIERON RECOPILAR LAS PALABRAS DEL MAESTRO.

QUERÍAN PLASMARLAS DE LA FORMA MÁS PARECIDA A COMO ELLOS LAS HABÍAN ESCUCHADO, DE AHÍ QUE OPTARAN POR EL FORMATO DE CITAS LITERALES.

ADEMÁS DE LAS CITAS, LAS ANALECTAS TAMBIÉN INCLUYEN RESPUESTAS A LAS PREGUNTAS DE LOS DISCÍPULOS O PEQUEÑAS ANÉCDOTAS ALGO MÁS EXTENSAS.

AHORA VOLVAMOS A LA CITA.

EL MAESTRO DIJO: "¿NO ES UNA ALEGRÍA APRENDER ALGO Y DESPUÉS PONERLO EN PRÁCTICA A SU DEBIDO TIEMPO? ¿NO ES UN PLACER TENER AMIGOS QUE VIENEN DE LEJOS? ¿NO ES RASGO DE UN CABALLERO NO INCOMODARSE CUANDO SE IGNORAN SUS MÉRITOS?"

FIJAOS BIEN, ESTO ES IMPORTANTE.

LAS CINCO CONSTANTES

SABIDURÍA, INTEGRIDAD, CORRECCIÓN, JUSTICIA Y HUMANITARISMO ERAN LAS CINCO CONSTANTES, O VIRTUDES, QUE PROMULGABA CONFUCIO COMO BASE DE SUS ENSEÑANZAS. SOBRE ESOS CINCO TEMAS VERSA LA GRAN MAYORÍA DE AFIRMACIONES Y COMENTARIOS PRESENTES EN LAS ANALECTAS.

EN ESTA CITA CON LA QUE EMPIEZA LA RECOPILACIÓN DE LAS IDEAS DEL MAESTRO YA TOCAMOS ALGUNOS TEMAS RECURRENTES.

EL CABALLERO

PARA CONFUCIO, EL "CABALLERO" ES LA PERSONA QUE FORMA PARTE DE LA ELITE ESPIRITUAL Y MORAL, QUE PRACTICA LA VIRTUD EN SU VIDA DIARIA Y TRATA DE FORTALECERLA POR MEDIO DE LA EDUCACIÓN. TODO HOMBRE DEBÍA ESFORZARSE PARA INTENTAR ESTAR A LA ALTURA DEL IDEAL DEL "CABALLERO", AUNQUE NO TODOS PUDIERAN LOGRARLO. SOLO LOS CABALLEROS ERAN APTOS PARA GOBERNAR UNA NACIÓN.

EN OCASIONES, LAS PALABRAS DE CONFUCIO SON METÁFORAS CON LAS QUE TRATABA DE QUE SUS DISCÍPULOS PENSARAN EN LA IDEA Y HALLARAN LA RESPUESTA POR SÍ MISMOS.

POR ESO MUCHAS VECES NO BASTA CON INTERPRETAR LAS CITAS O ANÉCDOTAS DE FORMA LITERAL, SINO QUE TENEMOS QUE PARARNOS A PENSAR QUÉ NOS ESTÁ DICIENDO EN REALIDAD. PARTE DEL ENCANTO DE LAS ANALECTAS RADICA AHÍ.

BUENO, Y AHORA, ¿ALGUIEN SE ANIMA A EXPLICAR LA CITA CON SUS PROPIAS PALABRAS?

¡A ESE TÍO LE GUSTABA ESTUDIAR Y QUERÍA HACER AMIGOS, PERO NADIE LE ENTENDÍA!

¡NO, SEÑOR!

AUNQUE LO DE QUE LE GUSTABA ESTUDIAR ES VERDAD.

PONERLO EN PRÁ... TIEMPO? ¿NO E... AMIGOS QUE ... ¿NO ES RASGO... NO ES INCOMOD... IGNORAN ...

JO, PENSABA QUE LO HABÍA CLAVADO.

NO, NO SE TRATA SOLO DE ESO.

CONFUCIO NOS DICE AQUÍ QUE EL MERO HECHO DE APRENDER Y ADQUIRIR CONOCIMIENTOS ES UNA FUENTE DE ORGULLO Y ALEGRÍA EN SÍ MISMO.

PERO ES MUCHO MEJOR CUANDO PODEMOS COMPARTIR ESOS CONOCIMIENTOS CON OTRAS PERSONAS.

SIN EMBARGO, EN OCASIONES LA GENTE PUEDE IGNORARNOS CUANDO TRATAMOS DE COMUNICAR LO QUE HEMOS APRENDIDO.

Y AUN ASÍ, UN VERDADER... "CABALLER... NUNCA S... TOMARÁ ES... HECHO COM... ALGO PERSO... Y SEGUIR APRENDIEN... A PESAR D... TODO.

PROFESORA.

CONFUCIO FUE EL FUNDADOR DEL CONFUCIANISMO, ¿VERDAD?

EXACTO, SUGIYAMA. VEO QUE HAS PRESTADO ATENCIÓN.

NO SÉ MUCHO DE LAS ANALECTAS, PERO CONOCÍA LA HISTORIA DE CONFUCIO.

SEGÚN TENGO ENTENDIDO, EL CONFUCIANISMO EMPEZÓ A ARRAIGAR EN CHINA A FINALES DEL PERÍODO DE LAS PRIMAVERAS Y OTOÑOS.

JUNTO AL CRISTIANISMO Y EL BUDISMO ESTÁ CONSIDERADO COMO UNO DE LOS GRANDES CULTOS DE LA ANTIGÜEDAD.

LO QUE QUERÍA PREGUNTAR ES SI LAS ANALECTAS...

...PODRÍAN CONSIDERARSE COMO UNA ESPECIE DE EVANGELIOS RELIGIOSOS.

LO DIGO PORQUE YO SOY ATEO.

SI BIEN EL CONFUCIANISMO HA SIDO CONSIDERADO ASÍ EN OCASIONES...

EL MAESTRO DIJO: "¿NO ES UNA ALEGRÍA APRENDER ALGO Y DESPUÉS PONERLO EN PRÁCTICA A SU DEBIDO TIEMPO? ¿NO ES UN PLACER TENER AMIGOS QUE VIENEN DE LEJOS? ¿NO ES RASGO DE UN CABALLERO NO INCOMODARSE CUANDO SE IGNORAN

...SI TENEMOS EN CUENTA QUE TODO CULTO RELIGIOSO SE BASA EN LA EXISTENCIA DE UNO O VARIOS DIOSES Y UN REINO MÁS ALLÁ DE LA MUERTE...

¡EL CONFUCIANISMO NO ES NINGUNA RELIGIÓN!

PARA EMPEZAR, CONFUCIO NUNCA TOCA EL TEMA DE LA VIDA DESPUÉS DE LA MUERTE.

EL MAESTRO NUNCA HABLÓ DE MILAGROS, VIOLENCIA, DESÓRDENES NI ESPÍRITU

EL MAESTRO DI ALEGRÍA APRENDE PONERLO EN PRÁ TIEMPO? ¿NO ES AMIGOS QUE VI ¿NO ES RASGO 1 NO INCOMODAI IGNORAN SU

NI MUCHO MENOS HACE MENCIÓN DE QUE CREYERA EN DIOS ALGUNO.

DE HECHO, TENEMOS UNA AFIRMACIÓN EN LAS ANALECTAS QUE ASÍ LO INDICA.

ESTA MISMA.

NUNCA HABLÓ DE MILAGROS, VIOLENCIA, DESÓRDENES NI ESPÍRITUS.

COMO PODÉIS VER, EN ESTE CASO NO SE TRATA DE UNA CITA LITERAL.

LOS DISCÍPULOS INCLUYERON ESTA AFIRMACIÓN, A MODO DE GENERALIZACIÓN, PARA DEJAR CLARO EL TEMA.

NADA DE MILAGROS. ES DECIR, NO TOCÓ TEMAS ESOTÉRICOS.

NADA DE VIOLENCIA SIGNIFICA QUE NUNCA OBLIGÓ A NADIE A SEGUIRLE.

NADA DE DESÓRDENES, O SEA, QUE NO TRATABA DE REBELARSE NI SEMBRAR EL CAOS.

Y NADA DE ESPÍRITUS DEJA BASTANTE CLARO QUE LA RELIGIÓN NO ERA ALGO QUE LE INTERESARA.

ENTONCES, ¿NI SIQUIERA LA MENCIONA? ¿POR QUÉ?

ESA ES UNA BUENA PREGUNTA PARA LA QUE EXISTE UNA BUENA RES- PUESTA.

UNA VEZ MÁS, LA TENEMOS EN LAS MISMAS ANALEC- TAS.

N DOS UNTAS COPILA- S EN MISMA TRADA.

EL MAESTRO DIJO: "¿NO ES UNA ALEGRÍA APRENDER ALGO Y DESPUÉS PONERLO EN PRÁCTICA A SU DEBIDO TIEMPO? ¿NO ES UN PLACER TENER AMIGOS QUE VIENEN DE LEJOS? ¿NO ES RASGO DE UN CABALLERO NO INCOMODARSE CUANDO SE IGNORAN SUS MÉRITOS?"

CREO QUE ESTÁ BASTANTE CLARO.

AQUÍ EN LA PIZARRA LA TENÉIS COM- PLETA. ESTAS SON LAS RES- PUESTAS QUE DIO EN CADA UNO DE LOS CASOS.

EN POCAS PALABRAS, LA CONCLU- SIÓN ES QUE ANTES DE PREOCUPARSE POR DIOSES O EL MÁS ALLÁ DEBÍA PREOCU- PARSE POR EL AQUÍ Y EL AHORA.

EL ZILU DE LA CITA ERA UNO DE LOS DISCÍPULOS DE CON- FUCIO.

POR LO VISTO, ERA UN HOMBRE CON MUCHO GENIO Y PREDISPUESTO A LAS PELEAS, PERO LAS IDEAS DEL MAESTRO LE INSPIRARON TANTO QUE DECIDIÓ SEGUIRLE.

SUPONGO QUE YA SABÉIS QUE EN LA ANTIGUA CHINA LA GRAN MAYORÍA ERA DE CULTURA POLITEÍSTA, CON NUMEROSOS DIOSES Y ESPÍRITUS, TANTO BENEVOLENTES COMO MALIGNOS.

VAMOS A IMAGINARNOS CÓMO PUDO HABER OCURRIDO TODO.

ZILU LE PREGUNTÓ A CONFUCIO CÓMO DEBÍA ACTUAR EN RELACIÓN A LOS ESPÍRITUS Y LOS DIOSES.

SI TODAVÍA NO HAS APRENDIDO CÓMO TRATAR A LOS HOMBRES, ZILU...

¿...POR QUÉ TE PREOCUPAS POR LOS DIOSES?

PERO ENTONCES...

¿...QUÉ SERÁ DE MÍ CUANDO HAYA MUERTO?

SI AÚN NO COMPRENDES BIEN CÓMO ES LA VIDA...

¿...CÓMO VAS A ENTENDER QUÉ HAY DESPUÉS DE LA MUERTE?

POR ESO SABEMOS QUE LAS PALABRAS DE CONFUCIO QUE NOS HAN LLEGADO A TRAVÉS DE LAS ANALECTAS...

PONERLO EN PRÁCTICA A SU DEBIDO TIEMPO? ¿NO ES UN PLACER TENER AMIGOS QUE VIENEN DE LEJOS? ¿NO ES RASGO DE UN CABALLERO NO INCOMODARSE CUANDO SE IGNORAN SUS MÉRITOS?"

...SON PALABRAS NECESARIAS PARA LA VIDA Y NO PARA LA MUERTE. PALABRAS DE VIDA.

EL MAESTRO DIJO: "¿NO ES UNA ALEGRÍA APRENDER ALGO Y DESPUÉS PONERLO EN PRÁCTICA A SU DEBIDO TIEMPO? ¿NO ES UN PLACER TENER AMIGOS QUE VIENEN DE LEJOS? ¿NO ES RASGO DE UN CABALLERO NO INCOMODARSE CUANDO SE IGNORAN SUS MÉRITOS?"

¡

RIIING

VAYA, ¿YA ES LA HORA?

LAS ANA-LECTAS DE CON-FUCIO...

DIIING

DAAAAANG

DOOONG

TITUTO DE UNDARIA X

¡POR FIN! ¡SE ACABÓ POR HOY!

HOY NO PUEDO, TENGO ENTRENAMIENTO.

¿TE VIENES AL BURGER?

IIDA, ¿PUEDO HABLAR CONTIGO UN MOMENTO?

¿EH? SÍ, CLARO.

ES SOBRE AMANO, QUE HA FALTADO HOY A CLASE.

AMANO...

SÍ, AKARI AMANO.

TENGO ENTENDIDO QUE VIVE CERCA DE TU CASA.

¿SE REFIERE A AKARI?

¿PODR... ENTR... GAR... EST... NOT... POR... VOR...

NO, NO PRO-MA...

La dirección

Reunión con el padre, la madre o tutor/a legal

Rogamos concierte cita con el/la tutor/a del curso de su hijo/a para hablar sobre sus progresos académicos y sus opciones de futuro.

!

SE LO LLEVARÉ, PERO NO CREO QUE ESTO HAGA QUE VUELVA A CLASE.

TAMPOCO VENDRÁ NADIE A LA REUNIÓN.

¿POR QUÉ DICES ESO?

NO HA PISADO EL INSTITUTO DESDE QUE EMPEZAMOS TERCERO.

SÍ, ESTOY AL TANTO.

ADEMÁS, SU PADRE...

ES-
PERA,
IIDA.

EXPLÍ-
CAMELO
TODO
CON
MÁS
CAL-
MA.

SOMOS
VECINOS
DE TODA
LA VIDA.

SO-
LÍAMOS
JUGAR
JUNTOS
DE PE-
QUEÑOS.

ANTES
ASISTÍA AL
INSTITUTO
SIN PRO-
BLEMAS,
SE LLEVABA
BIEN CON
TODO EL
MUNDO.

¿Y QUÉ
PASÓ?

PROHIBIDAS
LAS PINTADAS

A FINA-
LES DEL
CURSO
PASA-
DO...

SU
MADRE...

...FA-
LLE-
CIÓ.

ESO ES ALGO QUE SABEN TODOS LOS PROFESORES.

SUPONGO QUE SE LO HABRÁN DICHO.

DESDE ENTONCES NO HA VUELTO A PISAR EL INSTITUTO.

YO VOY A VERLA A VECES A SU CASA...

...PERO LA VERDAD ES QUE NO SÉ QUÉ DECIRLE.

EN-TIEN-DO...

ASÍ QUE FUE POR ESO.

...

¿QUÉ CLASE DE CHICA ES AKARI AMANO?

Integridad

¿Y ESTE PEDAZO DE MANSIÓN?

SE LO HE DICHO, ES LA CASA DE AMANO.

¿EN QUÉ TRABAJA SU PADRE?

DIRIGE UNA EMPRESA DE COMERCIO EXTERIOR.

CUANDO SU MADRE VIVÍA...

...TRABAJABA COMO INVESTIGADORA EN LA UNIVERSIDAD.

LOS DOS HAN ESTADO SIEMPRE MUY OCUPADOS Y CASI NO PARABAN POR CASA.

POR ESO PASAB. MUCHA TARDE: CONMIG EN MI CASA.

LO PRIME-RO ES HABLAR CON ELLA.

NO SE MOLES-TE, ELLA NUNCA CONTES-TA AL TIMBRE.

Y SU PADRE NO SUELE ESTAR EN CASA.

CHAC CHAC

AMANO

¿PO-DEMOS ENTRAR SIN MÁS?

SÍ, NO PASA NADA.

TEORÍAS DE CAMPO UNIFICADO

¿CÓMO QUE "ESO"?

¡ESA NO ES MANERA DE HABLARLE A UNA PERSONA MAYOR QUE TÚ!

...

¿QUÉ PERSONA, SI ERES UNA VACA?

CHAN

ES LA PROFESORA MUU.

SUSTITUYE A LA TUTORA, QUE ESTÁ DE BAJA POR MATERNIDAD.

ES DECIR, QUE AHORA SOY TU TUTORA.

¿PROFESORA?

VAMOS, NO TE PREOCUPES POR TONTERÍAS.

¿QUERÉIS LECHE O AZÚCAR?

ESO QUE TIENES AHÍ NO ES LECHE DE VERDAD, NO SON MÁS QUE POTINGUES QUÍMICOS CON ACEITES VARIOS.

YO NO QUIERO, GRACIAS.

VALE...

¿PARA QUÉ HA VENIDO?

SE LO DIGO A LA VACA.

EJA REFE- RTE A COMO A VA- CA"!

¡UN RESPETO, QUE SOY TU TU- TORA!

¡ADEMÁS, LAS VACAS TAMBIÉN TIENEN DERECHO A ENSEÑAR!

VENÍA A TRAERTE ESTO.

La dirección

Reunión con el padre, la madre o tutor/a legal

Rogamos concierte cita con el/la tutor/a del curso de su hijo/a para hablar sobre sus progresos académicos y sus opciones de futuro.

...

YA,
¿Y
QUÉ?

ME
HAN
DICHO
QUE
YA NO
VIENE
A CLAS

NO
ESTOY
DISPUESTA
A TOLE-
RARLO.

GRACIAS
POR EL
CAFÉ.

ESO
NO ES
ASUNTO
SUYO.

ADEMÁS, IR
A CLASE ES
PERDER EL
TIEMPO.

EN EL INSTITUTO ADQUIERES CONOCIMIENTOS NECESARIOS PARA LA VIDA.

YO YA ESTUDIO POR MI CUENTA.

AVANZO MUCHO MÁS RÁPIDO ASÍ.

AKARI ES MUY INTELIGENTE.

SIEMPRE HA SIDO LA PRIMERA DE LA CLASE.

TENÍA UNA DE LAS MEJORES DIEZ MEDIAS DEL PAÍS.

...mano   497

...u Sugiyama   494

...o Shimada   488

TODOS EN NUESTRO INSTITUTO LA CONSIDERAN UN GENIO.

POR ESO A LOS PROFESORES NO LES IMPORTA QUE AKARI NO ASISTA A CLASE.

SOBRE TODO DESPUÉS DE LO QUE PASÓ.

AY... PERDO- NA.

EL INSTITUTO ME PERMITE ESTUDIAR EN CASA. MIENTRAS CUMPLA CON LOS OBJETIVOS DEL PROGRAMA ESCOLAR NO HAY PROBLE- MA, ¿NO?

ADEMÁS, NO ME APETECE PERDER EL TIEMPO EN CLASES QUE ESTÁN POR DEBAJO DE MI NIVEL.

ESO ES TODO.

...

YA VEO.

ENTONC NO PUE OBLIGAR A QU VUELV

HE DICHO QUE NO VOY A IR.

ME DA IGUAL CÓMO ME LO PON- GA.

¡TSK!

...

...

UN- ES ITARIA, PRE ENE ECI- OS.

EL MAESTRO DIJO: "LA VIRTUD NO ES SOLITARIA, SIEMPRE TIENE VECI- NOS".

!

ESO ES DE LAS ANA-LEC-TAS.

¿LAS CO-NO-CES?

POR ENCI-MA.

ENTONCES SABRÁS QUÉ QUIERE DECIR.

MÁS O MENOS, SÍ.

PUEDES CONTAR CONMIGO SIEMPRE QUE QUIE-RAS.

Y NO SOY LA ÚNICA QUE ESTÁ DE TU PARTE.

PUEDES VOLVER A CLASE CUANDO TÚ LO DESEES.

¡SERÁS BIEN-VENID...

TAC

LA VIRTUD NO ES SO-LITARIA.

SIEMPRE TIENE VECINOS.

MUU...

QUÉ PROFE MÁS RARA...

TAMBIÉN PUEDE INTERPRETARSE AL REVÉS. SI HAY ALGUIEN DISPUESTO A AYUDARTE...

...ESO INDICA QUE ERES BUENA PERSONA.

AH, YA ENTIENDO.

OTRA COSA...

¿QUÉ ES ESO DE LA "VIRTUD"?

¡ENTÉRATE TÚ MISMO!

¿PERO POR QUÉ SE PONE ASÍ!?

VIRTUD
COMPENDIO DE CUALIDADES NATURALES QUE HACEN QUE UNA PERSONA SEA EQUILIBRADA Y ASPIRE SIEMPRE A SER MEJOR.

ANALECTAS

ANALECTAS

Capítulo 19

13

Zixia dijo: "El
libre de la pol
debe dedicarse
nocimiento. El t
no dedicado a ap
der debe dedicars
la política".

ZIXIA DIJO: "EL TIEMPO LIBRE DE LA POLÍTICA DEBE DEDICARSE AL CONOCIMIENTO. EL TIEMPO NO DEDICADO A APRENDER DEBE DEDICARSE A LA POLÍTICA".

EL TIEMPO LIBRE DE LA POLÍTICA DEBE DEDICARSE AL CONOCIMIENTO.

EL TIEMPO NO DEDICADO A APRENDER DEBE DEDICARSE A LA POLÍTICA.

EN OTRAS PALABRAS, SI HAS CUMPLIDO TU TAREA EN EL MUNDO, APROVECHA PARA ESTUDIAR.

Y SI HAS TERMINADO DE ESTUDIAR, CUMPLE TU DEBER EN EL MUNDO.

ENTONCES...

SI ELIJO NO RELACIONARME CON NADIE...

NADIE PUEDE MOLESTARME.

NADIE PUEDE HACERME DAÑO.

PERO POR OTRA PARTE...

...ES, COMO SI NO EXISTIE-RA EN ESTE MUNDO.

AUNQUE... LA VERDAD ES QUE ME DA IGUAL.

IIDA

EL MAESTRO DIJO: "SOLO ZILU PUEDE PERMANECER CON SU TÚNICA REMENDADA JUNTO A QUIENES LLEVAN FINAS PIELES SIN SENTIR VERGÜENZA: SIN ENVIDIA NI CODICIA DEBE SER UN BUEN HOMBRE". A PARTIR DE ENTONCES, ZILU ESTUVO CONTINUAMENTE RECITANDO ESTOS DOS VERSOS. EL MAESTRO DIJO: "ADVIERTE QUE ESTA NO ES LA RECETA DE LA PERFECCIÓN".

A PARTIR DE ENTONCES, ZILU ESTUVO CONTINUAMENTE RECITANDO ESTOS DOS VERSOS... "SIN ENVIDIA NI CODICIA DEBE SER UN BUEN HOMBRE".

EL MAESTRO DIJO: "ADVIERTE QUE ESTA NO ES LA RECETA DE LA PERFECCIÓN".

OS ER O HE EN O.

ZILU PENSABA QUE NO SENTIR ENVIDIA NI DESEAR LO QUE NO PODÍA TENER ERA ALGO POSITIVO, CON LO QUE EVITARÍA HACER DAÑO.

UN HOMBRE BUENO ES AQUEL QUE NO SIENTE ENVIDIA NI CODICIA.

PERO CUANDO CONFUCIO LE OYÓ!...

NO, ZILÚ.

SOLO ESO NO BASTA PARA ALCANZAR LA EXCELENCIA.

MÁS O MENOS, SÍ.

LO IM-POR-TAN-TE...

...NO ES LIMITARSE A EVITAR EL MAL, SINO ESFOR-ZARSE PARA HACER EL BIEN.

SEG QUE AÑA AL A

SIN
ENVIDIA
NI CO-
DICIA...

...

SHAAA

AF

Reunión con el padre,
la madre o tutor/a legal

MAMÁ...

GRACIAS, CARIÑO.

ASÍ ME GUSTA, AKARI. PERO NO SERÁ FÁCIL, ¿EH?

TENDRÁS QUE ESTUDIAR MUCHO PARA PODER INVESTIGAR CON MAMÁ.

¡PUES ESTUDIARÉ!

¡ESTUDIARÉ UN MONTÓN!

JA JA JA...

¡ÁNIMO, HIJA! ESPERAMOS MUCHO DE TI.

MUCHAS GRACIAS POR TODO.

NI LO MENCIONES, PARA ESO ESTÁN LOS VECINOS.

ME HACES UN GRAN FAVOR.

ADEMÁS, ASÍ MI HIJO TIENE CON QUIEN JUGAR.

HASTA MAÑANA.

ADIÓS.

CEREMONIA DE INGRESO

MADRE MÍA.

MENUDO CASOPLÓN TIENES...

VAYA SUER- TE...

YA, PERO...

MIS PADRES NUNCA ESTÁN.

ÚLTIMA- MENTE TRABAJAN DEMA- SIADO.

ESPERO QUE NO SE PASEN DE LA

PERO NO HACE FALTA QUE VENGAS TODOS LOS DÍAS.

ESTARÁS MUY LIADA, HIJA...

¡QUÉ VA, PARA NADA!

GRACIAS, AKARI.

SÍ, ESTOY EN EL HOSPITAL AHORA MISMO.

YA SÉ QUE TIENES MUCHO TRABAJO Y ESO, PERO...

¡AL MENOS PODRÍAS PASARTE A VERLA!

¡¡PAPÁ!!

SÍ...

YA LO SÉ...

...NES
...A LA
...ÓN...

PERDÓ-
NAME,
SOY UN
HOMBRE
DÉBIL.

HE
TARDADO
TANTO EN
VENIR A
VER A TU
MADRE...

...PORQUE
ME DABA
PÁNICO
QUE ME
ECHARA
EN CARA...

...QUE SIEMPRE
HE PUESTO EL
TRABAJO POR
DELANTE DE
LA FAMILIA.

¡AGH!

MENUDA PESA- DILLA.

BUE- NOS DÍAS, PROFE.

BUE- NOS DÍAS, IIDA.

...

OIGA...

¿SÍ?

¿TAN
MALO ES
QUE NO
ASISTA
A LAS
CLASES?

AKARI,
DIGO.

...

¿POR
QUÉ LO
PREGUN-
TAS?

ES QUE
NO SÉ
SI AL
OBLI-
GAR-
LA...

...NO
LE ESTA-
RÍAMOS
HACIENDO
MÁS MAL
QUE BIEN.

ME HE
PASADO
TODA LA
NOCHE
DÁNDOLE
VUELTAS.

Y PUEDE
QUE LO
MEJOR
PARA ELLA
SEA NO
VENIR.

AKARI ES MUY LISTA, SEGURO QUE SE LAS APAÑA SOLA.

ELLA NO NECESITA VENIR TODOS LOS DÍAS A CLASE PARA APRENDER.

ASÍ QUE TE PREOCUPAS POR ELLA, ¿EH?

JU, JU, JU...

¡NO ES LO QUE PARECE!

¡SOMOS COMO HERMANOS!

¡AH, NO!

¡LA CONOZCO DESDE QUE ERA UN RETACO, NUNCA LA HE VISTO CON ESOS OJOS!

DESDE PEQUEÑITA, AKARI REPETÍA...

...QUE DE MAYOR QUERÍA SER COMO SU MADRE.

INVESTIGAR PARA AYUDAR A LA HUMANIDAD.

EST... BA M... ORGUL... SA D... TRAB... QU... HAC... ELL...

...LA RELACIÓN CON SU PADRE NO HA HECHO MÁS QUE EMPEORAR.

¡¡ESE HOMBRE YA NO ES MI PADRE!!

AL PRINCIPIO YO PENSABA QUE TAL VEZ...

...VENIR AL INSTITUTO LA AYUDARÍA A SUPERARLO, PERO...

EJÓ MI DRE RIE- SIN ÁS!!

...

ME CAI-GO DE SUE-ÑO.

YA SO-MOS DOS...

¿¡POR QUÉ TENEMOS QUE VENIR AL INSTI TODAS LAS MAÑA-NAS!?

ES
PA

PERO SE SUPONE QUE ESTUDIAR NOS VENDRÁ BIEN EN EL FUTURO Y ESO, ¿NO?

A UN PAR DE BURROS COMO NO-SOTROS ESTUDIAR NO NOS SIRVE DE NADA.

HAB
POR
PEN
DÓ

AMA-NO SÍ QUE TIENE SUER-TE.

PUEDE PASARSE EL DÍA VA-GUEANDO EN CASA, QUE LOS PROFES NO DICEN NI PÍO.

ME MUERO DE EN-VIDIA, TÍO.

¡¡NO TENÉIS NI IDEA DE CÓMO SE SIENTE ELLA!!

¡¡CERRAD LA BOCA DE UNA VEZ!!

¡UAH!

⁉

A -!!

PERO TÍO... ¿QUÉ TE PASA?

¿POR QUÉ TE MOSQUEAS ASÍ?

¡BASTA, IIDA!

NO... NO HE DICHO NADA...

QUÉ TÍO TAN RARO...

...

DE LAS ANALECTAS.

"NO HABLAR CON UN HOMBRE CAPAZ DE ENTENDER TUS ENSEÑANZAS ES DESPERDICIARLO".

EL MAESTRO DIJO: "NO HABLAR CON UN HOMBRE CAPAZ DE ENTENDER TUS ENSEÑANZAS ES DESPERDICIARLO. HABLAR CON UN HOMBRE INCAPAZ DE ENTENDER TUS ENSEÑANZAS ES DESPERDICIAR ESAS ENSEÑANZAS".

"UN SABIO NO DESPERDICIA A UN HOMBRE NI DESPERDICIA SUS ENSEÑANZAS".

"HABLAR CON UN HOMBRE INCAPAZ DE ENTENDER TUS ENSEÑANZAS ES DESPERDICIAR ESAS ENSEÑANZAS".

"UN SABIO NO DESPERDICIA UN HOMBRE NI DESPERDICIA SUS ENSEÑANZAS"

SIGNIFICA QUE SI NO PROVECHAS S OPORTU- DADES PARA ABLAR CON GUIEN, PUE- S PERDERLO MO AMIGO.

EN CAMBIO, INTENTAR RAZONAR CON LOS QUE NO ESTÁN DIS- PUESTOS A ESCUCHARTE ES PERDER EL TIEMPO.

PARA TERMI- NAR...

UNA PERSONA LISTA ES CAPAZ DE DISTINGUIR ENTRE UN CASO Y OTRO.

Y TEN- GO OTRA CITA PARA TI.

SI ES CIERTO QUE ES TAN LISTA, LA MISMA AMANO SE DARÁ CUENTA TARDE O TEMPRANO.

ELLA SABRÁ DETERMINAR CUANDO SEA EL MOMENTO QUÉ NECESITA Y QUÉ LE CONVIENE DE VERDAD.

PA-SARON VARIOS DÍAS.

BLA...

BLA...

BLA...

QU... ¿QUÉ HA PASADO?

BUE- NAS.

¿CÓMO ES QUE HAS CAM- BIADO DE OPINIÓN?

?

EL MAESTRO ZENG DIJO: "YO APRENDÍ LO SIGUIENTE DEL MAESTRO: UN HOMBRE SOLO REVELA SU VERDADERO SER CUANDO ESTÁ EN DUE- LO POR SUS PADRES".

UN HOMBRE SOLO RE- VELA SU VERDA- DERO SER...

...CUANDO ESTÁ EN DUELO POR SUS PADRES.

JE...

EEEM...

¿Y QUÉ QUIERE DECIR ESO?

QUE CADA CUAL TIENE SUS CIRCUNS- TANCIAS...

...Y ES RARO QUE NOS DEJEMOS LLEVAR POR LOS SENTI- MIEN- TOS.

PERO NA[...] ES CAPAZ PERMANE[...] IMPASIBL[...] ANTE L[...] MUERTE UN PADRE[...] UNA MAD[...] TODOS N[...] DESCU[...] BRIMOS

PERO
PUEDO
GARME
VIDA
-ORI-
-RUE-
NDO.

SE LO
DEBO
A MI
MADRE,
ALLÍ
DONDE
ESTÉ.

...

¡AKARI
AMANO
HA
VUEL-
TO!

Corrección

TENÉIS HASTA EL LUNES PARA DECIDIR LOS INSTITUTOS DONDE QUERÉIS ESTUDIAR BACHILLERATO ANTES DE ENTREGARME EL CUESTIONARIO.

ESCRIBIDLOS POR ORDEN DE PREFERENCIA, DEL UNO AL TRES.

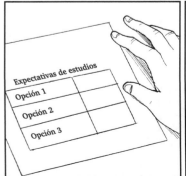

Expectativas de estudios

Opción 1

Opción 2

Opción 3

SÍ.

EL K, EL K FEMENINO...

Y SUPONGO QUE EL TERCERO SERÁ EL N.

¿YA SABES DÓNDE QUIERES AKARI?

ERES UNA MÁQUINA... ESOS CENTROS TIENEN UNA MEDIA DE MÁS DE 70 SOBRE 100.

¿SEGURO QUE NO PICAS DEMASIADO ALTO?

JE, JE...

POR SUPUESTO QUE NO.

AUNQUE EN REALIDAD PREFERIRÍA NO TENER QUE IR.

POR MÍ, ME SALTARÍA EL BACHILLERATO Y PASARÍA DIRECTAMENTE A LA FACULTAD.

...

SALA DE
PROFESORES

PROFE-
SORA
MUU,
¿TIENE
UN MO-
MENTO?

¿SÍ?

VERÁ...

EL
DIREC-
TOR Y EL
JEFE DE
ESTU-
DIOS...

DIRECTOR

...QUIEREN
HABLAR
CON
USTED.

SEÑO-
RITA
USHI-
YAMA.

TENGO
ENTENDIDO
QUE AKARI
AMANO ESTÁ
ASISTIENDO
DE NUEVO
A CLASE.

ASÍ
ES.

AUNQUE
ME ALEGRO
DE QUE LA
CHICA HAYA
VUELTO AL
INSTI-
TUTO...

...ME HAN
INFORMADO
DE QUE FUE
A VISITARLA
PERSONAL-
MENTE A
SU CASA.
¿ES ESO
CIERTO?

PUES SÍ.

¿SIN CONSULTARLO CON NADIE?

¿ACASO NO DEBERÍA HABERLO HECHO?

USTED NO ES MÁS QUE UNA SUSTITUTA, CARECE DE AUTORIDAD PARA TOMAR ESA CLASE DE DECISIONES.

QUIERO QUE QUEDE BIEN CLARO.

LAS NORMAS DE NUESTRO INSTITUTO NO PERMITEN LAS VISITAS DE LOS PROFESORES A CASA DE LOS ALUMNOS BAJO NINGÚN CONCEPTO.

HACE UNOS CUANTOS AÑOS...

...LA ASOCIACIÓN DE PADRES EXPRESÓ SU OPOSICIÓN A LAS VISITAS DE LOS PROFESORES A DOMICILIO.

...MIERON ...MENTOS ...BRE LA ...RIDAD Y ...ACIDAD ... SUS ...GARES.

SE QUEJARON DE QUE LAS VISITAS ERAN UNA MOLESTIA Y UNA INVASIÓN DE SU INTIMIDAD.

DIJERON QUE LOS PROFESORES NO TENÍAN POR QUÉ METER LAS NARICES EN LOS ASUNTOS PRIVADOS DE LOS ALUMNOS.

DE HECHO, HAY MÁS GENTE CON ESAS IDEAS DE LA QUE PUEDA IMAGINAR.

NO SOMOS EL ÚNICO INSTITUTO QUE NO PERMITE ESA CLASE DE VISITAS, NI MUCHO MENOS.

...

SOBRE TODO DESDE QUE VARIOS PRO-FESORES Y FUNCIONARIOS PÚBLICOS FUERON DECLARADOS CULPABLES DE DISTINTOS CRÍMENES.

SE HA CONVERTIDO EN UN PRO-BLEMA DE RABIOSA ACTUA-LIDAD.

ABUSOS A LAS ALUMNAS
Confesiones de un profesor de un instituto femenino

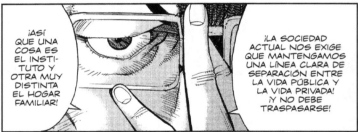

¡ASÍ QUE UNA COSA ES EL INSTI-TUTO Y OTRA MUY DISTINTA EL HOGAR FAMILIAR!

¡LA SOCIEDAD ACTUAL NOS EXIGE QUE MANTENGAMOS UNA LÍNEA CLARA DE SEPARACIÓN ENTRE LA VIDA PÚBLICA Y LA VIDA PRIVADA! ¡Y NO DEBE TRASPASARSE!

¿LE HA QUE-DADO CLA-RO?

...

NO VUELV HACE NUN MÁ

¿CÓMO ES QUE DECIDISTE VOLVER A CLASE?

¿QUÉ PASA? ¿NO ME QUIERES AQUÍ O QUÉ?

¡PARA NADA! YO ENCANTADO.

¿PERO NO DECÍAS QUE EN REALIDAD APRENDÍAS MÁS SOLA EN CASA?

JE, JE, JE...

PERO HAY COSAS QUE SOLO PUEDO APRENDER AQUÍ Y NO EN CASA.

MATERIAS DE BACHILLERATO.†

CUANDO LA PROFESORA MUU VINO A VERME, POR EJEMPLO...

¿SÍ?

¿TÚ SABÍAS...?

¿...QUE EL INSTITUTO NO PERMITE QUE LOS PROFESORES VISITEN A LOS ALUMNOS EN SUS CASAS?

¿NO!

POR LO TO, LA CIACIÓN PADRES QUEJÓ TA QUE PROHI-ERON.

Y SI TE DIGO LA VERDAD, CREO QUE PARA LA MAYORÍA DE PROFES HA SUPUESTO UN ALIVIO.

PARA ELLOS, TENER QUE VISITARNOS EN CASA ERA COMO TENER QUE HACER HORAS EXTRAS GRATIS.

MAGÍ-TELO, TOCABA TAR A S LOS NNOS, A POR ASA. NUDO ALO.

ADEMÁS, NO TENÍA MUCHO SENTIDO IR A VISITAR A ALUMNOS QUE NO DA-BAN NINGÚN PROBLEMA EN CLASE.

YO SIEMPRE ME HABÍA PORTADO MUY BIEN, POR EJEM-PLO.

EL PROBLEMA ES QUE PROHIBIENDO TODAS LAS VISITAS YA NO PUEDEN IR A VER A QUIEN REALMENTE LO NECESITA.

YA... ESO ES VER-DAD.

POR EJEMPLO, LA PROFESORA YAMASHITA, LA TUTORA QUE ESTÁ DE BAJA AHORA, NI SI-QUIERA ME LLAMÓ POR TELÉFONO PARA INTE-RESARSE.

PARA MÍ MEJOR, CLARO.

Y YO NO TENÍA NI IDEA DE QUE LA FALTA DE INTERÉS FUERA POR-QUE HABÍAN PROHIBIDO LAS VISITAS.

PERO LA PRO-
FESORA MUU SÍ
QUE VINO.

A PE
DE
SO
UN
SUS
TU

SUPONGO QUE ELLA AÚN NO ESTABA AL TANTO DE QUE LAS VISITAS ESTABAN PROHI-BIDAS.

LO QUE SIGNIFICA QUE DECI-DIÓ VENIR A VERME POR PROPIA INICIATIVA.

SI TE DIGO LA VERDAD, YO TENÍA CERO GANAS DE QUE VINIERA NADIE DEL INSTI.

SIN EMBAR-GO...

SU VISITA ME HIZO MUCHA ILUSIÓN.

DIRECTOR

SEÑOR JEFE DE ESTUDIOS...

DICE QUE UN PROFESOR DEBE LIMITARSE A IMPARTIR CONOCIMIENTOS.

¿DE VERDAD PIENSA ASÍ?

¡LA EDUCACIÓN...!

¡...CONSISTE EN FORMAR SERES HUMANOS, NO ENCICLOPEDIAS!

...

CONFUCIO AFIRMABA QUE EL CONOCIMIENTO Y EL SABER DEBEN PASAR POR EL FILTRO DE LA ÉTICA Y LA CORRECCIÓN...

EL MAESTRO DIJO: "UN CABALLERO AMPLÍA SU CONOCIMIENTO CON LA LITERATURA Y LO REFINA CON LOS RITOS; POR ELLO, NO ES PROBABLE QUE SE EQUIVOQUE".

SOLO ASÍ SE PUEDE SER UNA PERSONA COMPLETA.

?

!

EN EFECTO, CONFUCIO VALORABA EL CONOCIMIENTO Y EL APRENDIZAJE COMO NADIE.

PERO TAMBIÉN INSISTIÓ MUCHO EN MANTENER UN ESTÁNDAR DE MORALIDAD ADECUADO.

¿¡EN-TONC CÓM PODE VIVIR D DOLE ESPAL NUES PRO HUMA DAD

AUNQUE SEAN BUENOS ESTUDIANTES...

...PUEDE QUE ALGUNOS ALUMNOS ESTÉN CONFUNDIDOS Y TOMEN CAMINOS EQUIVOCADOS EN LA VIDA.

COMO EDUCADORES, ¿NO LES DUELE EN EL ALMA TENER QUE MIRAR HACIA OTRO LADO SIN PODER HACER NADA?

TODOS ESOS PROFESORES QUE HAN PROTAGONIZADO CASOS TRUCULENTOS EN LAS NOTICIAS...

PORQUE NO DEJAN DE SER SERES HUMANOS.

¡EL DIRECTOR DE UNA ESCUELA DE PRIMARIA, DETENIDO POR ACOSO SEXUAL!

SERES HUMANOS QUE RECIBIERON LA MISMA EDUCACIÓN QUE NOSOTROS ESTAMOS OFRECIENDO A NUESTROS ALUMNOS AHORA MISMO.

QU... ¿¡QUÉ INSINÚA!?

MIRE, EN EL CASO DE ESOS PERTURBADOS...

...ES EVIDENTE QUE INTENTAR EDUCARLOS FUE UNA PÉRDIDA DE TIEMPO.

¡HABLO POR PROPIA EXPERIENCIA!

A VECES LAS CONVENCIONES SOCIALES DESTRUYEN LOS VÍNCULOS NATURALES.

EL MAESTRO DIJO: "LO QUE LA NATURALEZA UNE, LA COSTUMBRE LO SEPARA".

TODOS LOS HOMBRES NACEMOS IGUALES, CON CASI LAS MISMAS POSIBILIDADES DE DESARROLLAR NUESTRO POTENCIAL.

SON LAS COSTUMBRES APRENDIDAS Y LA EDUCACIÓN RECIBIDA LO QUE TERMINA POR SEPARARNOS Y HACERNOS DIFERENTES.

TSK...
NO PUEDE
EDUCARSE
A LA JU-
VENTUD
A BASE
DE SO-
FISMAS
COMO
ESOS.

¡¡ESTÁ
DEJAN-
DO QUE
HABLE
SU
EGO!!

¡¡NI LOS
ALUM-
NOS
NI SUS
PADRES
DESEAN
ALGO
ASÍ!!

¡¡MÁS
BIEN AL
CONTRARIO!!
¡¡SIEMPRE
ESTÁN
BUSCANDO
LA EXCE-
LENCIA
ACADÉ-
MICA!!

R LO
NTO,
O ES
NICO
E NO-
TROS
MOS
EN-
R!!

¡¡MI
DEBER
COMO PRO-
FESOR ES
ESTAR A LA
ALTURA DE
SUS ASPI-
RACIONES
ACADÉMICAS
Y PUNTO!!

¿¡EL
EGO DE
QUIÉN
HABLA
AHO-
RA!?

EN EL PASADO, LAS PERSONAS ESTUDIABAN PARA MEJORAR.

HOY EN DÍA, ESTUDIAN PARA IMPRESIONAR A LOS DEMÁS.

EL MAESTRO DIJO: "EN LA ANTIGÜEDAD LAS PERSONAS ESTUDIABAN PARA MEJORAR. HOY DÍA, ESTUDIAN PARA IMPRESIONAR A LOS DEMÁS".

!?

ANTIGUAMENTE LO QUE SE BUSCABA ERA LA REALIZACIÓN PERSONAL DEL ALUMNO A TRAVÉS DEL CONOCIMIENTO...

...PERO ACTUALMENTE LOS CONOCIMIENTOS SE HAN CONVERTIDO EN UNA FORMA DE "VENDERSE" ANTE EL MUNDO.

POR ESO LOS ALUMNOS SOLO SE PREOCUPAN POR LOS RESULTADOS TANGIBLES.

Y ES TUDI SIMP MEN PAR HINCH SU EN DIEN ACAD MIC

STED
GABE
JE ES
ASÍ.

¿PERO PARA QUÉ ENSEÑAMOS NOSOTROS Y PARA QUÉ APRENDEN LOS ALUMNOS?

¿SE HA PARADO USTED A PENSAR EN ESO?

SI NO LES AYUDAMOS A VIVIR COMO SERES HUMANOS...

¿...DE QUÉ SIRVEN TANTO CONOCIMIENTO Y TANTA FORMACIÓN?

SE...

SEÑOR DIRECTOR...

EL HOMBRE PUEDE ENGRANDECER EL CAMINO. NO ES EL CAMINO EL QUE ENGRANDECE AL HOMBRE.

EL MAESTRO DIJO: "EL HOMBRE PUEDE ENGRANDECER EL CAMINO. NO ES EL CAMINO LA QUE ENGRANDECE AL HOMBRE".

ES DECIR, LAS CONVENCIONES SOCIALES NUNCA NOS HARÁN MÁS HUMANOS...

...PERO NUESTRA HUMANIDAD PUEDE LOGRAR QUE ESAS CONVENCIONES SOCIALES LO SEAN.

¿NO CREE QUE DEBERÍA OLVIDARSE DE SUS CONVENCIONES SOCIALES DE VEZ EN CUANDO?

¿QUÉ LE PARECE?

...

AUNQUE DEBERÍA HABERNOS CONSULTADO ANTES DE DECIDIR VISITAR POR SU CUENTA LA CASA DE UNA ALUMNA...

...EN VISTA DE LOS RESULTADOS OBTENIDOS, SOLO PUEDO DECIR QUE SU DECISIÓN FUE LA CORRECTA.

NO CONSIDERO QUE EL COMPORTAMIENTO DE LA SEÑORITA USHIYAMA HAYA SIDO REPROCHABLE.

POR ESO VUELVO A AUTORIZAR LAS VISITAS A HOGARES DE ALUMNOS, PERO SOLO EN LOS CASOS NECESARIOS.

Y LOS PROFESORES DEBERÁN PEDIR PERMISO A LA DIRECCIÓN POR ADELANTADO Y POR ESCRITO.

¿HA QUEDADO CLARO?

¡SÍ, SEÑOR DIRECTOR!

¡UGH!

¡AKARI AMANO!

!?

AH, HOLA...

EM...

¿TÚ QUIÉN ERES?

TSU-TOMU SUGI-YAMA.

Mejores a
primer tri

1. Akari Am

Tsutomu S

asa Shim

LLEVO AÑOS PISÁNDO-TE LOS TALONES DESDE LA SEGUNDA POSICIÓN.

¡SOY MAY
RIVA

¿SI?...

PUES ENCANTADA DE CONOCERTE, SUPONGO.

¿EH?

JE, JE, JE... NO CREAS QUE NO SOY CONSCIENTE.

SÉ QUE TÚ NUNCA ME HAS TENIDO EN CUENTA.

SOY YO QUIEN TE HA CONSIDERADO SIEMPRE COMO LA RIVAL A BATIR.

¿PERO ESTE DE QUÉ VA?

COMO HASTA AHORA NO HABÍAS APARECIDO POR CLASE, NO HE TENIDO PROBLEMAS EN OCUPAR LA PRIMERA POSICIÓN TODO ESTE TIEMPO.

JU, JU, JU... LA CULPA ES TUYA POR FALTAR.

O... OYE...

¿EM? ¿SUGIYAMA?

...

PUES VALE...

CÁLLATE, MALE-DUCADO. ¿NO VES QUE ESTOY HABLANDO CON AKARI AMANO?

ME HAS DICHO QUE TE LLAMAS SUGI-YAMA, ¿NO?

DIME UNA COSA, SUGI-YAMA...

¿TÚ PARA QUÉ ESTU-DIAS?

¿CÓMO QUE PARA QUÉ? ¡MENUDA PREGUN-TA!

PARA TENER BUENAS NOTAS DE CARA A LOS EXÁME-NES DE INGRESO EN BACHI-LLERATO.

Y PA PODÉ EST BIEN PARA DEN DE T AÑOS LOS MENE ACCE A LA VERS

¡NO FASTI- DIES!

¿YA ESTÁS PENSANDO EN LA UNI- VERSIDAD Y TODO?

POR SU- PUES- TO.

EN CUAN- TO A TI...

...CREO QUE TE ESTÁS CONFIANDO DEMA- SIADO.

COMO NO ESPABILES PRONTO, ACABARÁS DEL LADO DE LOS PERDE- DORES Y SOLO LOGRARÁS SER UN DESECHO DE LA SO- CIEDAD.

NO QUIERO R CON LOS DEDORES, RO A SER GANADOR. O ES LO UE ME MPUJA A TUDIAR.

ME IMAGINO QUE TÚ PENSARÁS IGUAL QUE YO, ¿NO, AKARI AMANO?

¡AGH!

PERO BUE-NO...

¿CÓMO PUEDES SER TAN CUADRICU-LADO?

¿GANA-DORES Y PER-DEDO-RES?

¡VEN-GA YA! ¡PARECE LA FRASE DE UN ANUNCIO PARA ACA-DEMIAS DE REFUERZO!

LO SIENTO, PERO NO COMPARTO TU FORMA DE PEN-SAR.

A TI LO QUE TE PASA ES QUE TE DA MIEDO EL FUTURO Y PUNTO.

POR ESO TE CONSUELAS CON ESE CUENTO DE ESTAR ENTRE LOS GANADO-RES.

¿QUÉ QUIERES DECIR?

N CABALLERO VE TRANQUILO, RO EL HOMBRE ULGAR SIEMPRE ENDRÁ MIEDO.

EL MAESTRO DIJO: "UN CABALLERO ES TOLERAN-TE Y LIBRE; UN HOMBRE DEL VULGO SIEMPRE ES-TÁ LLENO DE ANSIEDAD Y TEMOR".

MAESTRO : "UN CABA-RO MUES-A AUTORI-, PERO NO ROGANCIA. HOMBRE ÚN MUES-ARROGAN-, PERO NO TORIDAD".

UN CABALLERO ES DECIDIDO, PERO NO ARROGANTE. UN HOMBRE VULGAR HACE TODO LO CONTRARIO.

EN OTRAS PALABRAS, UNA PERSONA EQUILIBRADA NO TIENE POR QUÉ TEMER NADA NI TAM-POCO DEMOS-TRAR NADA, PORQUE YA SABE QUE ESTÁ BIEN PREPARADA.

EN CAM-BIO...

...LOS POBRES DE ESPÍRITU ACABAN TE-NIENDO MIEDO HASTA DE SU PROPIA SOMBRA Y NECESITAN PRESUMIR DELANTE DE TODOS PARA OCULTAR SU INSEGURIDAD.

NO TE HAS DADO CUENTA, ¿VERDAD?

CUANDO HABLAS DE "PERDEDORES" NO HACES MÁS QUE DAR VOZ A TUS PROPIOS MIEDOS.

Y ES EVIDENTE QUE, CUANDO PIENSAS EN LOS "GANADORES", LO RELACIONAS CON OBTENER ALGUNA CLASE DE BENEFICIO MATERIAL.

EL CABALLERO VALORA LA JUSTICIA. EL HOMBRE VULGAR, LOS BENEFICIOS.

LAS PERSONAS QUE HAN ALCANZADO LA EXCELENCIA SABEN VALORAR LA JUSTICIA.

EL MAESTRO DIJO: "EL CABALLERO APRECIA LA JUSTICIA; EL HOMBRE COMÚN APRECIA LO QUE LO BENEFICIA".

EN CAMB LOS Q PERM NECEN UN NIV INFER SE CO CENTR EN E MATER LISM

VAMOS, QUE ESTÁS DEJANDO MUY CLARO...

...QUE TU CATADURA MORAL DEJA BASTANTE QUE DESEAR.

¡EN EL FONDO ERES PATÉTICO!

¿...PARA HA-BLAR-ME ASÍ!?

¿ENTON-CES QUÉ HACES TÚ!? ¿ESTUDIAS SOLO POR AMOR AL ARTE!?

¿EH?

PUES MIRA, SÍ.

ME DIVIERTE APRENDER COSAS QUE ANTES NO SABÍA.

DISFRUTO CUANDO SOY CAPAZ DE RESOLVER UN PROBLE-MA QUE AL PRINCIPIO NO EN-TENDÍA.

AUNQUE ADMITO QUE DE PEQUEÑA ESTUDIABA PORQUE QUERÍA QUE ME ALABARAN.

CO... ¿¡CÓMO...!?

¡AH!

AMAR

DISFRU-TAR

CONO-CER

¡ESO ES! ¡CONOCER ALGO NO ES TAN BUENO COMO AMARLO, PERO AMAR ALGO NO ES TAN BUENO COMO DISFRU-TARLO!

EL MAES... DIJO: "C... CER AL... NO ES BUENO C... AMAR... AMAR A... NO ES BUENO C... DISFR... TARL...

ES MUCHO MEJOR APRENDER PORQUE AMAS EL CONO-CIMIENTO QUE SIM-PLEMENTE APRENDER PORQUE SÍ.

¡PERO ADEM... DE AM... EL CON... CIMIEN... DISFRU... APRE... DIENDO... LO ME... QUE... PODR... PASA...

KARI
MPRE
S HA
CADO
ISPAS
LOS
BROS
E LEÍA.

¡EL UNIVERSO ES UNA PASADA!

¿SABÍAS QUE PUEDE EXPANDIRSE?

¿EN SERIO?

CADA VEZ QUE DESCUBRÍA ALGO NUEVO VENÍA A CONTÁRMELO TODA EMOCIONADA.

EL UNIVERSO

LA VERDAD ES QUE ERA UNA NIÑA UN POCO RARITA.

PASABAS DE LAS MUÑECAS Y LOS PELUCHES... ¡Y LOS DEMÁS JUGUETES TE DABAN IGUAL!

AHORA SIGO ALEGRÁNDOME IGUAL CUANDO DESCUBRO ALGO NUEVO.

ME SIENTO REALIZADA.

¿VES? ESO ES PORQUE DISFRUTAS APRENDIENDO.

Y
QUE
ES
MIS
ERS!?

¡TENGO
QUE
OBTENER
BUENOS
RESULTADOS!
¡NO ME
QUEDA
OTRA!

...

AHÍ OS
QUEDÁIS.

STITUTO DE
CUND

CHAC

HOLA, MAMÁ.

¿YA ESTÁS AQUÍ, TSUTOMU?

OYE... ¿TE IMPORTA SI HOY NO VOY A LA ACADEMIA DE REFUERZO?

ES NC ENC TRO

HIJO...
¿TE PASA ALGO?

BLAM

ME QUEDARÉ ESTUDIANDO EN MI HABITACIÓN.

S NOTAS
LOS RE-
ULTADOS
O SON
ÁS QUE
MEROS,

¿NO TE SIENTES VACÍO AL DEDICAR TANTO ESFUERZO A OBTENER ALGO TAN INSULSO?

POR FIN EN CASA.

¿HAS TENIDO BUEN DÍA?

HE VISTO LUZ, ¿QUÉ HACE TSUTOMU EN SU CUARTO? ¿HOY NO TENÍA QUE IR A LA ACADEMIA?

ES QUE NO SE ENCON-TRABA MUY BIEN Y...

TOC TOC TOC

T... TO... S... PA...

!

MIRA, TSU-TO-MU...

ESTÁS EN UN MOMENTO DECISIVO DE TU VIDA. TODO TU FUTURO DEPENDE DE LOS RESULTADOS QUE OBTENGAS DESDE AHORA HASTA QUE TERMINES LA UNIVERSIDAD.

NO QUIERO QUE TE PIERDAS NI UNA CLASE MÁS DE LA ACADEMIA.

SI TE ENCUENTRAS MAL HACES DE TRIPAS CORAZÓN Y AGUANTAS HASTA EL FINAL DEL DÍA, ¿DE ACUERDO?

VALE...

ENTENDIDO.

EN ESTAS PALABRAS ENCONTRAMOS UNA CRÍTICA HACIA UNA FORMA DE GOBIERNO.

SI INTENTAS CONTROLAR AL PUEBLO CON MANO DURA, IMPONIENDO NORMAS Y LEYES RESTRICTIVAS...

GOBIERNO

CASTIGOS

DELINCUENTE

¡MIERDA! ¡COMO NOS PILLEN, SE NOS CAE EL PELO!

DELINCUENTE

¡TRANQUI, QUE NO NOS VAN A PILLAR!

LOS CRIMINALES ACABARÁN POR ENCONTRAR LOS AGUJEROS DEL SISTEMA Y SOLO CONSEGUIRÁS QUE SE VUELVAN MÁS DESCARADOS Y ATREVIDOS.

EN CAMBIO, SI EDUCAS AL PUEBLO Y LE INCULCAS UNA SERIE DE PRINCIPIOS MORALES...

¿NO SERÍA MEJOR INTENTAR CONSEGUIR LAS COSAS HONRADAMENTE?

VALE, DE ACUERDO.

...LA GENTE TENDR[Á] CONCIENCIA D[E] SUS ACTOS Y INCLINARÁ HACI[A] BIEN DE FORM[A] NATURAL. ES[O] ERA LO QUE QUERÍA DECI[R] CONFUCIO.

GOBIERNO

PRINCIPIOS

DELINCUENTE

¿DEJAMOS DE ROBAR?

PLAS

QUE TODAVÍA ESTAMOS EN SECUNDARIA, TODO ESTO DE LA POLÍTICA NOS SUPERA.

¡NO, NO!

NO DEBÉIS PENSAR ASÍ.

ESE ES PRECISAMENTE EL MOTIVO DE QUE LOS GOBIERNOS DE HOY EN DÍA VAYAN TAN MAL.

SOBRE TODO AQUÍ EN JAPÓN.

APRENDÉIS CÓMO FUNCIONA NUESTRO GOBIERNO, PERO NADIE SE MOLESTA EN EXPLICAROS CUÁLES SON SUS FALLOS O QUE EXISTEN OTRAS MANERAS DE HACER LAS COSAS.

EN MI OPINIÓN, ESA ES UNA DE LAS CAUSAS...

...DE QUE HAYA TANTA APATÍA Y DESCONFIANZA CON RELACIÓN A LA POLÍTICA.

PARA EMPEZAR, SI EN LUGAR DE CONCENTRARSE EN HACERSE CON EL PODER Y PROCLAMAR LEYES...

...LOS POLÍTICOS SE PREOCUPARAN UN POCO MÁS POR LA GENTE A LA QUE AFECTAN ESAS LEYES, LAS COSAS SERÍAN MUY DIFERENTES.

YA HABÉIS VISTO CÓMO SE INTERPRETA ESTA CITA DE LAS ANALECTAS.

EL MAESTRO DIJO: "SI CONTROLAS A LOS HOMBRES CON MANIOBRAS POLÍTICAS Y LOS CONTIENES CON CASTIGOS, SE VOLVE-RÁN ASTUTOS Y NO SABRÁN LO QUE ES LA VERGÜENZA. CONDÚ-CELOS CON VIRTUD Y ATEMPÉRALOS CON LOS RITOS Y DESARROLLARÁN EL SENTIDO DE LA VERGÜENZA Y LA VIRTUD".

NO SOLO HAY QUE PENSAR EN CÓMO TENER UN GOBIERNO MEJOR, HAY QUE PRESTAR ATEN-CIÓN A CÓMO HACER QUE EL PUEBLO SEA MEJOR.

Y ESTO NO ES SOLO APLICA-BLE A LA POLÍ-TICA.

PUEDE EXTRAPO-LARSE A MUCHOS OTROS CASOS...

...COMO LA SO-CIEDAD EN LA QUE VIVIMOS O ESTE MISMO INSTI-TUTO.

EN EL INSTITUTO SON LOS EXÁMENES Y LAS NOTAS.

EN LA SOCIEDAD, LOS RE-SULTADOS Y LAS GANAN-CIAS.

EXAMEN
SUSPENSO
REPETIDOR

56

NUESTROS ERRORES SE TRADUCEN EN CASTI-GOS...

RECORTES
FRACASO
DESPIDO

...PORQU TODO S REDUCE UNA SER DE NORM Y OBJETI QUE ALC ZAR.

LA GENTE SE CONCENTRA EN EL DISGUSTO QUE LE PRODUCEN TANTAS REGLAS Y CASTIGOS.

MASA DE GENTE QUE TEME AL FRACASO.

EN MEDIO DE TODO ESTO, LAS PERSONAS DEJAN DE VERSE A SÍ MISMAS COMO SERES HUMANOS, PORQUE SIMPLEMENTE NO TIENEN MARGEN PARA HACERLO.

DEJANDO A UN LADO SI EL SISTEMA ES BUENO O MALO...

...LO PRINCIPAL ES NO OLVIDAR NUNCA LA IMPORTANCIA DE LAS RELACIONES HUMANAS.

NUNCA DEJÉIS DE VER EL MUNDO DESDE EL PUNTO DE VISTA HUMANO.

ESA ES LA RESPUESTA.

EL MAESTRO DIJO: "ESTUDIAR SIN PENSAR ES INÚTIL. PENSAR SIN ESTUDIAR ES PELIGROSO".

TENED EN CUENTA QUE ESTUDIAR SIN PENSAR NO SIRVE DE NADA, PERO PENSAR SIN ESTUDIAR TAMPOCO ES BUENO.

POR MUCHOS LIBROS QUE LEÁIS Y ESTUDIÉIS, SI NO REFLEXIONÁIS DE VERDAD SOBRE SU CONTENIDO...

...TODO ESE CONOCIMIENTO SOLO SERVIRÁ PARA CONFUNDIROS.

POR OTRA PARTE, SI EMPEZÁIS A DAR VUELTAS A LAS COSAS, PERO NO ESTUDIÁIS PARA FUNDAMENTAR VUESTRAS OPINIONES...

...ESTAS SERÁN ARBITRARIAS Y CAERÁN POR SU PROPIO PESO.

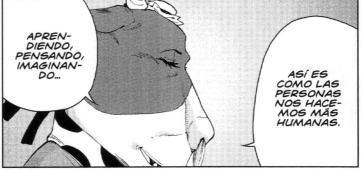

APRENDIENDO, PENSANDO, IMAGINANDO...

ASÍ ES COMO LAS PERSONAS NOS HACEMOS MÁS HUMANAS.

⁉

B LA M

¿OCURRE
ALGO?
¿TE EN-
CUEN-
TRAS
BIEN?

SUGI-
MA?

LO
SIENTO,
PROFE-
SORA...

...PERO
NO ME
ENCUENTRO
BIEN, ¿PUEDO
IR A LA EN-
FERMERÍA?

MÁS
TE VALE
CUIDARTE
MEJOR DE
AHORA EN
ADELANTE.

...

YA...
YA SE
ME HA
PASADO.
NO ES
NADA.

¿SEGU-
RO QUE
ESTÁS
BIEN?

TÓMA-
TELO CON
CALMA,
¿VALE?

PERO...

TAP

¿QUIERES QUE TE ACOMPAÑE A LA ENFERMERÍA?

...

ME PARECE BIEN, IIDA. VE CON ÉL.

DESCANSA UN POCO, SUGIYAMA.

¡NO! SI YO NO...

¡HE DICHO QUE VAYAS!

¡VENGA!

...

DE
ACUERDO...

VAMOS,
SUGI-
YAMA.

PUE
IR...
SO

NO
HACE
FALTA.

SIENTO
HABEROS
PREOCU-
PADO.

GRA-
CIAS
POR
TODO.

ESTÁS EN UN MOMENTO DECISIVO DE TU VIDA.

TODO TU FUTURO DEPENDE DE LOS RESULTADOS QUE OBTENGAS.

EN EL FONDO SABES QUE TENGO RAZÓN, ¿VERDAD?

¿NO TE SIENTES VACÍO AL DEDICAR TANTO ESFUERZO A OBTENER ALGO TAN INSULSO?

TÓMA-
TELO
CON
CALMA,
¿VALE?

ESO
ES...

CREO
QUE
DURANTE
TODO
ESTE
TIEMPO...

...ESAS
ERAN
LAS PA-
LABRAS
QUE MÁS
NECESI-
TABA OÍR.

EN EL
FONDO
SÍ QUE ME
HABÍA DADO
CUENTA.

SIEMPRE
HE SEN-
TIDO QUE
ALGO NO
ENCA-
JABA.

EL MISMO UNIFORME, EL MISMO INSTITUTO, LAS MISMAS CONVERSACIONES...

TODOS HACEMOS LO MISMO QUE LOS DEMÁS SIN DECIR LO QUE PENSAMOS EN REALIDAD. ALGUNOS SIN PENSAR SIQUIERA.

¿QUIÉN HA DECIDIDO QUE SEA ASÍ?

¿QUIÉN DICE QUE SI NO SIGUES ERES UN FRACASADO?

¿LA RAZÓN ES QUE "LO HACE TODO EL MUNDO"?

NO VEO...

...NINGUNA RESPUESTA.

¿POR QUÉ?

¿PARA QUÉ?

¡DIOTA!

¡TE TENGO DICHO QUE AQUÍ ME LLAMES "JEFE DE ESTUDIOS" O "SEÑOR SUGIYAMA"!

LO... LO SIENTO...

I... IBA A LA ENF...

¿NO DEBERÍAS ESTAR EN CLASE?

¿QUÉ HACES RONDANDO POR LOS PASILLOS?

SI TE ENCUENTRAS MAL HACES DE TRIPAS CORAZÓN Y AGUANTAS HASTA EL FINAL DEL DÍA, ¿DE ACUERDO?

UGH..

¿Y BIEN?

¿CUÁL ES LA EXCUSA ESTA VEZ?

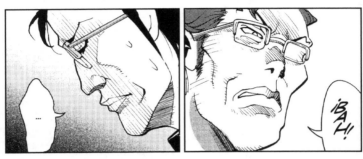

...

¡BAH!

¡VUELVE A CLASE INMEDIATAMENTE!

LO ÚLTIMO QUE ME FALTABA ERA QUE MI PROPIO HIJO SE SALTARA LAS NORMAS DEL INSTITUTO.

¿TAN BOBO ERES QUE NO LO ENTIENDES?

¡PIENSA UN POCO EN MI REPUTACIÓN, INÚTIL!

CL

AC

A
NO
REI
QUI

NO
ERES
MÁS
QUE
UN
CRÍO.

UN NIÑATO
QUE SE
MORIRÍA
DE HAMBRE
SI NO FUERA
PORQUE TUS
PADRES TE
MANTENEMOS
Y NOS OCUPA-
MOS DE TI.

¿QUÉ
VIDA?
TÚ NO
TIENES
VIDA
PRO-
PIA.

ZIYOU PREGUNTÓ SOBRE LA PIEDAD FILIAL. EL MAESTRO RESPONDIÓ: "SE PIENSA QUE SON HIJOS OBEDIENTES LOS QUE ALIMENTAN A SUS PADRES. PERO TAMBIÉN ALIMENTAN A SUS PERROS Y CABALLOS. A MENOS QUE HAYA RESPETO, ¿DÓNDE ESTÁ LA DIFERENCIA?"

"SE PIENSA QUE SON HIJOS OBEDIENTES LOS QUE ALIMENTAN A SUS PADRES".

"PERO TAMBIÉN ALIMENTAN A SUS PERROS Y CABALLOS. A MENOS QUE HAYA RESPETO, ¿DÓNDE ESTÁ LA DIFE- RENCIA?"

ZIYOU ERA UNO DE LOS DISCÍPULOS DE CONFUCIO.

Y LA PIEDAD FILIAL, OTRO DE LOS PUNTOS CLAVE DE LAS ENSEÑANZAS DEL MAESTRO.

ZIYOU PREG... LA PIEDA... MAESTRO... "SE PIEN... HIJOS OB... QUE ALIM... PADRES. ... ALIMEN... PERRO... A M... ESTA...

LA PREGUNTA CON RESPUESTA ES OTRA DE LAS ESTRUCTURAS QUE PODEMOS ENCONTRAR EN LAS ANALECTAS.

AHORA OS EXPLICARÉ LA RESPUESTA DE CONFUCIO.

MUCHA GENTE CREE QUE LA PIEDAD FILIAL CONSISTE EN CUIDAR DE LOS PADRES CUANDO YA SON MAYORES Y NO PUEDEN VALERSE POR SÍ MISMOS.

... BONITO. BONITO.

HIJO ¡GUAU!

PADRE

TAMBIÉN HAY GENTE QUE CUIDA DE CABALLOS O PERROS A PESAR DE QUE ESTOS SÍ PUEDEN VALERSE POR ELLOS MISMOS.

SI NO MOSTRAMOS RESPETO HACIA NUESTROS PADRES, ¿NO LES ESTAMOS TRATANDO IGUAL QUE HARÍAMOS CON UNA MASCOTA?

SI NO EXISTE ESE RESPETO Y ESE CARIÑO, NO PODEMOS HABLAR DE PIEDAD FILIAL.

ESTA ES UNA DE LAS AFIRMACIONE... DE CONFUCIO... MEJOR DEFINE... CONCEPTO. LA P... FILIAL SEGÚN... MAESTRO IMP... LA EXISTENCIA... RESPETO Y CA... ENTRE FAMILIA... HACIA LOS HI... CUANDO SO... PEQUEÑOS Y... CIA LOS PADR... CUANDO SO... ANCIANOS

ME TEMO QUE EN NUESTRA SOCIEDAD MODERNA ESTÁ DESAPARECIENDO LA PIEDAD FILIAL.

LAS RELACIONES FAMILIARES SE ESTÁN DETERIORANDO CADA VEZ MÁS.

COMO LO DEMUESTRA EL AUMENTO DE CASOS DE VIOLENCIA DOMÉSTICA.

SOBRE TODO AQUÍ EN JAPÓN, CADA VEZ SE DAN MÁS CASOS DE HIJOS QUE MALTRATAN A SUS PADRES.

EN LOS PEORES CASOS, HAY HIJOS QUE MATAN A SUS PADRES ANCIANOS PORQUE YA NO PUEDEN, O NO QUIEREN, SEGUIR CUIDANDO DE ELLOS.

A VECES LOS HIJOS DE ESOS PADRES SE SUICIDAN PORQUE NO SON CAPACES DE SOPORTAR LA CULPA... SON HISTORIAS MUY TRISTES.

TAMBIÉN ESTÁN AUMENTANDO CADA VEZ MÁS LOS CASOS DE MALTRATO INFANTIL.

ESO SI NO ABANDONAN A LOS NIÑOS DIRECTAMENTE ESGRIMIENDO COMO EXCUSA EL ESTRÉS DE LA VIDA DIARIA O LA MALA SITUACIÓN ECONÓMICA.

REALMENTE, LA FALTA DE PIEDAD PATERNOFILIAL EN NUESTRA SOCIEDAD SE ESTÁ CONVIRTIENDO EN UN PROBLEMA MUY GRAVE.

EN FIN, RETOMEMOS EL TEMA DE LA PIEDAD FILIAL SEGÚN CONFUCIO.

EN ESTA CITA NOS INDICA QUE NO BASTA CON PROPORCIONAR COMIDA Y TECHO A NUESTROS PADRES.

ZIYOU PREGUNTÓ SOBRE LA PIEDAD FILIAL. EL MAESTRO RESPONDIÓ: "SE PIENSA QUE SON HIJOS OBEDIENTES LOS QUE ALIMENTAN A SUS PADRES. PERO TAMBIÉN ALIMENTAN A SUS PERROS Y CABALLOS. SI NO HAY RESPETO, ¿DÓNDE ESTÁ LA DIFERENCIA?"

Y AL REVÉS, CUIDAR DE LOS HIJOS...

...NO SE REDUCE A PROPORCIONARLE CASA Y COMIDA.

LOS NIÑOS NO SON MASCOTAS.

EL DEBER DE LOS PADRES VA MUCHO MÁS ALLÁ DE ALIMENTARLOS.

... OH, OH...

BONITO, BONITO...

HIJO

MADRE

TIENE QUE EXISTIR CARIÑO Y RESPETO ENTRE PADRES E HIJOS. EN AMBAS DIRECCIONES.

SOLO ENTONCES SE CUMPLE EL PRECEPTO DE LA PIEDAD FILIAL.

UN HIJO DEBE TRATAR A SUS PADRES CON RESPETO.

Y LOS PADRES DEBEN EDUCAR CON SU EJEMPLO Y DAR AFECTO A SUS HIJOS.

SI EL PROGENITOR CUMPLE CON SU DEBER Y PROPORCIONA CARIÑO Y BUEN EJEMPLO...

...SIN DUDA SE HABRÁ GANADO EL RESPETO DE SUS HIJOS.

ESTO, PROFE...

TODA ESA HISTORIA DE RESPETAR A LOS PADRES ESTÁ MUY BIEN, PERO...

¿QUÉ PASA CUANDO TUS PADRES SON UNOS CAPULLOS?

PORQUE LOS MÍOS LO ÚNICO QUE HACEN ES ECHARME LA BRONCA. NI SIQUIERA SE MOLESTAN EN ENTENDERME.

TIENES QUE PENSAR QUE TUS PADRES TAMBIÉN SON HUMANOS.

Y, COMO HUMANOS, SE EQUIVOCAN.

ZIYOU PREGUNTÓ SOBRE LA PIEDAD FILIAL. EL ...RO RESPONDIÓ ...E PIENSA QUE SON ...OS OBEDIENTES LOS ...MENTAN A S... ...RES. PERO TAM... ...ALIMENTAN A S... ...CABALLOS...

OS EJÁIS UCHO QUE STROS ORES O OS ENDEN, RO...

¿CUÁNTOS DE VOSOTROS HABÉIS INTENTADO COMPRENDERLOS A ELLOS?

EL MAESTRO DIJO: "NO OS PREOCUPÉIS SI LOS DEMÁS NO RECONOCEN VUESTROS MÉRITOS, PREOCUPAOS SI NO RECONOCÉIS LOS SUYOS".

CONFUCIO NOS DICE QUE ANTES DE PREOCUPARNOS PORQUE LOS DEMÁS NOS ENTIENDAN Y VALOREN...

...DEBERÍAMOS HACER EL ESFUERZO DE ENTENDER Y VALORAR A LOS QUE NOS RODEAN.

A TODOS NOS MOLESTA Y NOS FRUSTRA QUE NO SE APRECIEN NUESTROS ESFUERZOS Y LOGROS...

...PERO MUCHAS VECES NO NOS PARAMOS A PENSAR QUE TAL VEZ NOSOTROS ESTEMOS IGNORANDO LOS ESFUERZOS Y LOGROS DE OTROS.

TODOS QUEREMOS QUE NOS ENTIENDAN.

ZIYOU PREGUNTÓ SOBRE LA PIEDAD FILIAL. EL MAESTRO RESPONDIÓ: ... PIENSA QUE SON HIJOS OBEDIENTES LOS QUE ALIMENTAN A SUS PADRES, PERO TAMB... ALIMENTAN A S... PERROS Y CABA... A MENOS QUE... RESPETO, ¿DÓ... ESTÁ LA DIFERE...

PERO NO PODEMO... EXIGIRLO... ANTES N... INTENTAM... COMPREND... NOSOTR... A LO DEM... ¿VERDAD...

Justicia

ENFERMERÍA

¿CÓMO?

¿NO HA VENIDO?

YAMA, ¿VDAD?

YO NO ME HE MOVIDO DE AQUÍ EN TODO EL DÍA.

Y NO, NO LO HE VISTO.

...

¿DÓNDE SE HABRÁ METIDO?

QUÉ TÍO MÁS RARO...

A LO MEJOR SE HA MARCHADO A CASA.

HABR VUELT RECO LA CA RA, ¿

REES
UE
TARÁ
EN?

TENÍA MALA
CARA, COMO
SI ALGO LE
PREOCUPARA
MUCHO.

POR
CIER-
TO...

¿SABÍAS
QUE SU
PADRE
ES EL
JEFE DE
ESTU-
DIOS?

¿!EN
SE-
RIO!?

NO HE
VISTO UN
PROFESOR
MÁS ES-
TRICTO
EN MI
VIDA.

Y NO
SOLO
CON LOS
ALUMNOS,
A LOS OTROS
PROFESORES
TAMBIÉN LOS
LLEVA MÁS
RECTOS
QUE UN
PALO.

¿SA-
BES...?

¡PRO-
FE-
SORA
MUU!

¿¡QUE
SUGIYAMA
ESTÁ EN
EL BOR-
DE DE
LA AZO-
TEA!?

CLAC

¡¡TSUTOMU!!

¡VAYA-
MOS
CUAN-
TO AN-
TES!

...

SERÁ
MEJOR
QUE
VAYA
YO SO-
LO.

SEÑOR
SUGI-
YAMA...

DE... DE
ACUER-
DO...

MIEN-
TRAS
TANTO,
AVISARÉ
A LA PO-
LICÍA...

SI LA PRENSA SE ENTERA EL INSTITUTO TENDRÁ GRAVES PROBLE- MAS.

SERÁ MEJOR QUE INTEN- TEMOS SOLUCIO- NARLO NOSO- TROS MIS- MOS.

ESTE TIPO DE SUCESOS NO DEBE HACERSE PÚBLICO.

PERO...

PIEN- SE EN LO QUE PODRÍA PASAR SI SU HIJO SALTA.

SI AVISAMOS A LA POLICÍA PONDRÁN LOS MEDIOS PARA EVI- TAR QUE...

NO SERÁ NECE- SARIO.

LE PROHÍ- BO QUE LLAME.

BASTA, AMANO.

¿MI REPUTA-CIÓN?

¡BAH!

ASÍ QUE NO QUIERO QUE NADIE LLAME A NADIE.

O MI- QUE NER- 'A JO N EC-U-

...

EL MAESTRO DIJO: "VENERAR A DIOSES QUE NO SON VUESTROS ES SERVILISMO. NO ACTUAR CUANDO LO EXIGE LA JUSTICIA ES COBARDÍA".

VENERAR A DIOSES QUE NO SON VUESTROS ES SERVILISMO.

NO ACTUAR CUANDO LO EXIGE LA JUSTICIA ES COBARDÍA.

CONFUCIO NOS ENSEÑA QUE NO DEBEMOS SEGUIR A AQUELLOS QUE NO LO MERECEN.

PERO SOBRE TODO...

¡...QUE NO HACER LO CORRECTO POR ENCIMA DE TODO LO DEMÁS ES DE COBARDES!

...

¡¡UGH!!

¡¡TENEMOS QUE PROTEGER EN LO POSIBLE LA IDENTIDAD DEL ALUMNO EN CUESTIÓN!!

¡AVISEN TODOS LOS PROFESORES!

¡QUE REÚNAN A TODOS LOS ALUMNOS QUE AÚN ESTÁN EN EL INSTITUTO Y LOS LLEVEN A SUS CORRESPONDIENTES

¡¡AVISEN A LA POLICÍA, QUE TRAIGAN UNA LONA PARA EXTENDERLA A LOS PIES DEL EDIFICIO, POR LO QUE PUDIERA PASAR!!

Y AHORA...

TSU-TO-MU...

VOY A SUBIR A HABLAR CON ÉL. PERO NO COMO JEFE DE ESTUDIOS, SINO COMO SU PADRE.

NO CO META NINGU LOCUR POR F VOR.

¡DEPRISA!!

¡AH!!

¡¡SÍ, SE-ÑOR!!

PAPÁ...

QUIERO DECIR, SEÑOR SUGI-YAMA...

¿PARA QUÉ HA VENIDO?

¿QUÉ DICES?

¿QUÉ ESTÁS HACIEN-DO AHÍ FUERA?

NADA...

SIMPLE-MENTE CONTEM-PLABA...

...EL MUNDO.

TSUTOMU, ESO ES MUY PELIGROSO. VUELVE A ENTRAR AHORA MISMO.

¿ACASO QUIERES MORIR?

¿POR QUÉ? ¿NO PUEDO?

JE JE...

¿TAMPOCO TENGO DERECHO A ESO?

¡NO CONSEGUIRÁS NADA TIRÁNDOTE!

AH, PERO ES QUE...

¿...CONSEGUIRÉ ALGO SI SIGO VIVO?

HE REPRE-SENTADO EL PAPEL DEL HIJO PERFECTO TAL COMO TÚ QUE-RÍAS, PAPÁ.

ME HE PORTADO BIEN, HE SIDO UN ESTU-DIANTE MODÉ-LICO.

¿Y DE QUÉ ME HA SER-VIDO?

TODO MI ESFUERZO Y TODOS MIS SACRI-FICIOS SE HAN IDO AL GARE-TE...

...PORQUE SIEMPRE HABRÁ ALGUIEN QUE SEA MEJOR QUE YO.

ES-TO ES AB-SUR-DO...

NO EN-TIENDO PARA QUÉ HE ESTADO VIVIENDO TODOS ESTOS AÑOS.

QUERÍA EMPE-ZAR...

...A VIVIR LA VIDA HACIENDO LO QUE YO QUISIERA...

PERO... ES QUE...

¡YO N TENG VIDA! SIQUIE SÉ LO (QUIER

SOLO
E HACER
QUE ME
NDAN... SER
UE OTROS
EREN QUE
. DEJARME
EVAR POR
QUE SE
ESPERA
DE MÍ...

LLEVO
15 AÑOS
ASÍ...

...Y ME
SIENTO
VACÍO.

...

¡15
AÑOS
NO
SON
NADA!

¡TE QUEDA
TODA UNA
VIDA POR
DELANTE!

NO
TIENES
NINGUNA
PRISA
PARA
ENCON-
TRAR LA
RES-
PUES-
TA.

SUGI-YAMA...

TENGO UNA CITA PARA USTED, PROFE-SORA.

"LA FIRMEZA, LA RESO-LUCIÓN, LA SIMPLICIDAD Y EL SILEN-CIO NOS ACERCAN AL HUMA-NITARIS-MO".

EL MAESTRO DIJO: "LA FIR-MEZA, LA RE-SOLUCIÓN, LA SIMPLICIDAD Y EL SILENCIO NOS ACERCAN AL HUMA-NITARIS-MO".

RO, OR, PEN-...

NO SON MÁS QUE BONITAS PALABRAS QUE USAMOS PARA TAPAR LA VERDAD.

LO SABEMOS, Y AUN ASÍ PERMITIMOS QUE LA RES-PUESTA SE NOS ESCA-PE CADA VEZ MÁS LEJOS.

¿LEALTAD? ¿JUSTICIA? ¿VERDAD? ¿GENEROSIDAD? NO NOS QUEDA NADA DE ESO.

SOLO AQUELLOS QUE AÚN NO SE HAN DADO CUENTA SON CAPACES DE SEGUIR SONRIENDO.

EL FUTURO NO ES MÁS QUE DESESPERACIÓN.

...

TIENES TODA LA RAZÓN, HAY ALGO QUE NO FUNCIONA EN EL MUNDO.

BASTA CO ENCEND LA TELE VER LA NOTICIA PARA DAR CUENTA

AÚN ESTAMOS A TIEMPO DE INTENTARLO.

EL FUTURO NOS PERTENECE.

!

¡DEPRISA!

¡NECESITAMOS A MÁS GENTE PARA SUJETAR LA CORTINA!

¡¡CORRE!!

¡¡MIEN-
TRAS
ESTE-
MOS
NOSO-
TROS,
AQUÍ
NO SE
MATA
NADIE!!

¡¡ESO!!

PAF
COM
ÑER

MÁS
TAR[
NOS
ENT
RAMO

...DE QUE LOS
COMPAÑEROS
QUE HABÍAN
ACUDIDO CON
LA CORTINA
HABÍAN IDO
POR SU CUEN-
TA Y RIESGO.

EL DESEO
DE AYUDAR
A SUGIYAMA
LOS HABÍA
IMPULSADO
A ACTUAR SIN
QUE NADIE
TUVIERA QUE
PEDÍRSELO.

EL DIRECTO
NO SOLO S
LO HABÍA PE
MITIDO, SIN
QUE ESTAB
DISPUESTO
ASUMIR TO
LA RESPON
SABILIDAD
ALGO SAL
MAL.

VI-
TE-
NTE,
OLICÍA
BIÉN
HABÍA
SEN-
DO.

POR
SUERTE,
DDO PUDO
OLUCIO-
NARSE
SIN QUE
LA COSA
PASARA A
MAYORES.

¡SO
BOBO!

¡PAYASO!

DESPUÉS
DE AQUELLO,
SUGIYAMA
EMPEZÓ A
RELACIO-
NARSE MÁS
CON LOS
COMPAÑE-
ROS DE
CLASE...

...AUNQUE
CONTINUÓ
CONSIDE-
RANDO A
AKARI SU
GRAN
RIVAL.

¿¡CÓMO!?

HASTA
QUE UN
DÍA, EL
JEFE
DE ES-
TUDIOS...

¿¡DIMI-
TE!?

¡QUE NO!

¡ESCU-CHADME CUANDO HABLO, CARAM-BA!

SIMPLE-MENTE HA PEDIDO UN TRASLADO DE CEN-TRO.

NECESITA REPLAN-TEARSE SU POSICIÓN COMO EDUCA-DOR.

O ESO ME HA DICHO.

MI PADRE SABE PERFECTA-MENTE LO QUE HACE.

ESTOY SEGURO DE QUE ESTA VEZ TAMPOCO SE EQUI-VOCA.

NO PERMI-
TIRÉ QUE
CONVIERTAN
A MI HIJO
EN UN
ESPEC-
TÁCULO.

TSU-
TOMU...

NO
COMETAS
NINGUNA
LOCURA,
POR FA-
VOR...

...

PRO-FESORA MUU.

YA HE RECOGIDO TODOS LOS CUESTIO-NARIOS.

PRO-FE...

MU-CHAS GRA-CIAS.

ANALECTAS

Primera parte

FIN

Analectas

Segunda parte

Confucio
ANALECTAS
Personajes principales

Discípulos de Confucio

Confucio contó con un gran número de discípulos, entre los cuales destacó el grupo conocido como «los diez sabios».

Es maestro quien, revisando lo viejo, conoce lo nuevo.

Confucio

Este sabio de la antigua China perdió a sus padres de pequeño pero superó las adversidades y se esmeró por recibir una buena educación, que lo llevó a convertirse en un erudito nómada. Inculcó sus ideales a más de tres mil discípulos, que propagaron sus enseñanzas primero por toda China y luego por el resto de Asia.

Akari Amano
Amiga de la infancia de Hitoshi.
Antigua alumna de la profesora Muu.

Hitoshi Iida
Antiguo alumno de la profesora Muu, cuyas
lecciones sobre las analectas marcaron su vida.

Muu Ushiyama
Profesora que parece una vaca.
Siente un gran respeto por Confucio
y conoce las Analectas al dedillo.

Takeru y Naru Taguchi –
Tsutomu Sugiyama
Antiguos compañeros de clase de Hitoshi
y también alumnos de la profesora Muu en
su momento.

Índice

¿No es una alegría aprender?

PRO-
FE-
SORA
MUU...

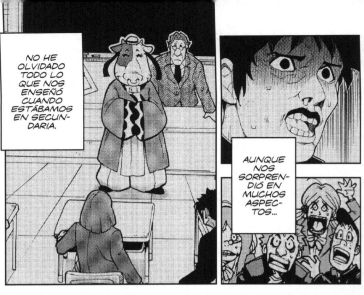

NO HE OLVIDADO TODO LO QUE NOS ENSEÑÓ CUANDO ESTÁBAMOS EN SECUNDARIA.

AUNQUE NOS SORPRENDIÓ EN MUCHOS ASPECTOS...

...ERA UNA PROFESORA ESTUPENDA.

NO PUEDO CREERME QUE YA NO ESTÉ ENTRE NOSOTROS...

SHAAAAF

Y ASÍ DESAPARECIÓ PARA SIEMPRE.

ARRIESGAR SU VIDA PARA SALVAR A UN NIÑO ERA ALGO MUY PROPIO DE ELLA.

¡HITOSHI!

!

¡¡AKARI!!

¡CUÁNTO TIEMPO!

¡YA LO CREO!

¿QUÉ TAL TE VA EN LA UNIVERSIDAD?

MUY BIEN. TRABAJO COMO PROFESORA ASOCIADA MIENTRAS INVESTIGO.

¡ESTUPENDO!

¿Y QUÉ ES DE TU VIDA, HITOSHI?

¡PUES APROBÉ EL EXAMEN DE APTITUD PEDAGÓGICA Y AHORA ENSEÑO FILOSOFÍA!

¡LAS ANALECTAS DE LA PROFESORA MUU ME LLEGARON AL ALMA!

¿ERES PROFESOR DE INSTITUTO? ME ALEGRO POR TI...

JA, JA, JA...

¿A QUE DE PEQUEÑO NUNCA LO HUBIERAS ESPERADO DE MÍ?

YA HACE DIEZ AÑOS DE AQUELLO...

PROFESORA MUU...

UY, LO SIEN...

¿OS IMPORTA DEJARME PASAR, POR FAVOR?

¿¡SU-GIYA-MA!?

¡MADRE MÍA! ¡ESTÁS EXACTA-MENTE IGUAL!

¡MIRA QUIÉN FUE A HABLAR!

¿EH?

¡OH!!

¡HOLA!

¡TA-GU-CHI!

¡¡¡ICHI-NO-YA!!

¡¡JA JA JA!!

CUÁNTOS RECUER- DOS...

¿POR QUÉ NO APROVE- CHAMOS PARA TOMAR ALGO TODOS JUNTOS?

ASÍ NOS PONE- MOS AL DÍA.

¡BUENA IDEA! ¿PERO VAMOS A IR VESTIDOS ASÍ?

YA, ES UN POCO TÉTRI- CO.

VALE, QUEDAMOS A LAS SIETE EN EL BAR FRENTE A LA ESTA- CIÓN.

¿Y SI VAMOS A CAMBIAR- NOS Y VOLVEMOS EN UN RATO?

SÍ QUE TARDAN...

PERO SI SOLO SON LAS SIETE Y CINCO...

¡TIENE GRACIA! ¡TÚ QUE EN EL INSTI SIEMPRE LLEGABAS TARDE A TODO!

¡PERDONAD EL RETRASO! ¡YA ESTAMOS AQUÍ!

UGH... LA GENTE CAMBIA.

¿EH?

¿QUÉ PASA?

¡OTRA CERVEZA PARA MÍ!

¿Y ESE BEBÉ? NO ME DIGAS QUE...

¿DE QUÉ TRABAJAS, TAGUCHI?

¡EN UN RESTAURANTE DE FIDEOS CHINOS!

¡POR CIERTO...!

¡TENGO UN COMPAÑERO QUE ME AMARGA LA EXISTENCIA!

OYE, QUE LO ESTÁS HACIENDO MAL.

¿NO HAS SACADO ESOS FIDEOS DEMASIADO PRONTO?

PERO SE CREE QUE LO SABE TODO.

NO PARA DE ENCONTRAR FALLOS A TODO LO QUE HAGO.

EL TÍO ENTRÓ A TRABAJAR APENAS UNA SEMANA ANTES QUE YO.

¡EH!

A VER, ¿CUÁLES ERAN LAS PROPORCIONES PARA EL CALDO DE CERDO?

¡OJO!

?

SE LAS DA DE LISTO Y LUEGO RESULTA QUE ÉL NO HACE UNA A DERECHAS.

¡AGH!

ME TIENE CONTENTO.

...

EL CONOCI-MIENTO ES...

...ESTAR AL TANTO DE LO QUE SABES Y DE LO QUE NO CONOCES.

EL MAESTRO DIJO: "ZILU, TE VOY A ENSEÑAR QUÉ ES EL CONO-CIMIENTO. ESTAR AL TANTO DE LO QUE SABES Y DE LO QUE NO SABES, ESO ES CIERTAMENTE CONOCER".

¿CÓMO?

QUE LA GENTE QUE DE VERDAD SABE NO TIENE PROBLEMAS EN ACEPTAR QUE HAY COSAS QUE NO SABE.

LA CUES-TIÓN ES QUE A LA GENTE LE ENCANTA ALARDEAR.

¿Y TÚ DÓNDE HAS APRENDIDO TODO ESO?

ESPERA, ME HA SONADO FAMILIAR...

ES DE CONFUCIO.

¿VERDAD?

¿CONFUCIO?

¿YA NO OS ACORDÁIS?

LAS ANALECTAS DE CONFUCIO.

LAS QUE LE GUSTABAN TANTO A LA PROFESORA MUU.

EL MAESTRO DIJO...

CONFUCIO

"¿NO ES UNA ALEGRÍA APRENDER ALGO Y DESPUÉS PONERLO EN PRÁCTICA A SU DEBIDO TIEMPO? ¿NO ES UN PLACER TENER AMIGOS QUE VIENEN DE LEJOS?"

"¡NO ES RASGO DE UN CABALLERO NO INCOMODARSE CUANDO SE IGNORAN SUS MÉRITOS?"

¡AH! ¡AHORA CAIGO! "EL MAESTRO DIJO..."

¿VES COMO TE ACUERDAS?

ANDA...

?

¿TE REFRESCO LA MEMORIA?

LAS ANALECTAS DE CONFUCIO...

...SON UNA RECOPILACIÓN DE CITAS Y PENSAMIENTOS DEL FAMOSO PENSADOR DE LA ANTIGUA CHINA.

INCLUYEN VARIAS CONVERSACIONES Y ANÉCDOTAS VIVIDAS CON SUS DISCÍPULOS.

*EN SU ÉPOCA AÚN NO CONOCÍAN EL PAPEL Y ESCRIBÍAN SOBRE TABILLAS DE BAMBÚ.

FUERON PRECISAMENTE ESOS DISCÍPULOS QUIENES PUSIERON POR ESCRITO TODOS ESOS HECHOS Y CITAS, AGRUPÁNDOLOS EN UN TODO QUE SENTÓ LAS BASES DEL CONFUCIANISMO.

¡AH! ¡LO DEL CONFUCIANISMO ME SUENA!

ESE TIPO FUE SU FUNDADOR, ¿NO?

EXACTO.

SI TE DIGO LA VERDAD, NO SÉ GRAN COSA DEL PROPIO CONFUCIO.

PUES...

SI QUERÉIS OS EXPLICO UN POCO DE SU VIDA.

CONFU-
CIO NACIÓ
ALREDEDOR
DEL AÑO 551
A. C. EN EL
ESTADO DE
LU, EN LO
QUE HOY
ES CHINA.

SU PADRE,
KONG HE,
TAMBIÉN
LLAMADO
SHULIANG
HE, ERA
MILITAR.

TENÍA
NUEVE
HIJOS.

AUNQUE LA MAYORÍA ERAN NIÑAS.

SOLO TENÍA UN HIJO VARÓN DE UNA CONCUBINA, PERO EL NIÑO NO PODÍA CAMINAR.

JA

JA,

JA...

JA...

JA,

JA...

...

UN HOMBRE ENFERMO NO PUEDE SALIR ADELANTE SOLO.

Y ES IMPOSIBLE NOMBRAR HEREDERA A UNA MUJER.

HUM...

SI AL MENOS TUVIERA OTRO HIJO SANO...

CON ESA IDEA EN MENTE, KONG HE TOMÓ A UNA NUEVA CONCUBINA.

SE LLAMABA YAN ZHENGZAI Y JUNTOS CONCIBIERON UN HIJO.

*NORMALMENTE, LOS HOMBRES USABAN EL NOMBRE DE PILA SOLO DE NIÑOS O EN EL ENTORNO FAMILIAR Y PASABAN A USAR EL NOMBRE DE CORTESÍA AL HACERSE ADULTOS.

Y ASÍ...

¡GUAAA!

¡GUAAA!

¡GUAAA! ¡GUAAA!

AL BEBÉ LE PUSIERON KONG DE APELLIDO, QIU DE NOMBRE DE PILA Y ZHONGNI DE NOMBRE DE CORTESÍA*. CON EL TIEMPO, EMPEZARON A LLAMARLE KONG-FUZI, "MAESTRO KONG", QUE LLEGÓ HASTA NOSOTROS BAJO LA FORMA DE "CONFUCIO".

DE PEQUEÑO, CONFUCIO...

...JUGABA A COLOCAR LOS RECIPIENTES CEREMONIALES COMO LOS MAYORES.

SU MADRE LE ENSEÑÓ LAS NORMAS DE CORTESÍA, A LEER Y A ESCRIBIR.

EN AQUELLA ÉPOCA LA MAYORÍA DE LA POBLACIÓN ERA ANALFABETA, PERO ÉL APRENDIÓ DESDE MUY PEQUEÑO.

LA EDAD NO PERDONA.

¿QUIERE QUE LE LLEVE ESO, SEÑORA?

GRACIAS.

ERES MUY ATENTO, ZHONGNI.

...PODRÍA HABERSE LABRADO UN NOMBRE EN EL EJÉRCITO.

CONFUCIO HABÍA HEREDADO LA FUERZA FÍSICA DE SU DIFUNTO PADRE Y, AL IGUAL QUE ÉL...

PERO PREFIRIÓ SEGUIR EL CAMINO DEL CONOCIMIENTO.

ASÍ LO DECIDIÓ CUANDO CUMPLIÓ LOS 15 AÑOS.

ASÍ COMENZÓ SU PROCESO DE APRENDIZAJE QUE PRONTO LO LLEVÓ MÁS ALLÁ DE LOS MUROS DE SU HOGAR.

VARIOS DISCÍPULOS EMPEZARON A SEGUIRLO PARA ESCUCHAR SUS ENSEÑANZAS.

MÁS ADELAN-TE, Y SIN DEJAR NUNCA DE CULTI-VARSE PARA MEJORAR, RECORRIÓ LAS NACIONES VECINAS CON EL DESEO DE QUE SE APLICARAN SUS CONCEPTOS DE "HUMANITA-RISMO" Y "PIEDAD FILIAL" A LA FORMA DE GOBERNAR DE LA ÉPOCA.

FUE ENTONCES CUANDO SU NOMBRE EMPEZÓ A HACERSE FAMOSO EN EL MUNDO ENTERO.

DE HECHO, EN LAS ANALECTAS HAY UNA CITA EN LA QUE ÉL MISMO HABLA SOBRE SU VIDA.

CUANDO TUVE 15 AÑOS, APRENDÍ. CON 30, ME ASENTÉ. CON 40 CREÍ SABERLO TODO, PERO NO DESCUBRÍ QUÉ ME DEPARABA EL DESTINO DE VERDAD HASTA LOS 50.

EL MAESTRO DIJO: "A LOS 15 AÑOS ME DEDIQUÉ A APRENDER. A LOS 30, ME ESTABLECÍ. A LOS 40, NO TENÍA DUDAS. A LOS 50, CONOCÍ LA VOLUNTAD DEL CIELO".

"A LOS 60, MI OÍDO ESTABA SINTONIZADO. A LOS 70, SIGO TODOS LOS DESEOS DE MI CORAZÓN SIN QUEBRANTAR NINGUNA LEY".

A LOS 60 APRENDÍ A ESCUCHAR COMO ES DEBIDO Y AHORA, A LOS 70, PROCURO SEGUIR A MI CORAZÓN SIEMPRE QUE NO QUEBRANTE LAS LEYES.

YA OS HE CONTADO QUE A LOS 15 DECIDIÓ SER UN ERUDITO.

¡UOOOOOH!

AL LLEGAR A LOS 40, ESTABA CONVENCIDO DE QUE HACÍA LO CORRECTO.

¡AJÁ!

¡AJÁ!

Y HASTA LOS 60 NO APRENDIÓ A ESCUCHAR DE VERDAD.

AL CUMPLIR LOS 30, EMPEZÓ A SENTIRSE SEGURO DE SÍ MISMO.

PERO NO ENTENDIÓ LOS DESIGNIOS DEL DESTINO, O DEL CIELO, HASTA LOS 50.

CUMPLIDOS LOS 70, SOLO INTENTABA SER FELIZ PERO SIN DESVIARSE DEL CAMINO CORRECTO.

CIELO

DURANTE TODA SU VIDA, NO DEJÓ DE ESTUDIAR E INTENTAR MEJORARSE A SÍ MISMO.

CARAMBA...

BUENO...

ES QUE AHORA ENSEÑO FILOSOFÍA Y SE NOTA.

TE LO SABES AL DEDILLO.

¿ERES PROFE? ¡QUÉ GRACIA!

¡AHÍ, SIGUIENDO LOS PASOS DE LA PROFESORA MUU!

JA JA JA...

236

¿Y EN QUÉ SE BASABAN LAS ENSEÑANZAS DE CONFUCIO?

CORTESÍA.

MÚSICA. ♪♪

TIRO CON ARCO.

LEER Y ESCRIBIR.

MATEMÁTICAS.

BUENO, LA IDEA ERA FORMAR A LOS HOMBRES PARA GOBERNAR.

PERO HABÍA CUATRO PRECEPTOS POR ENCIMA DE TODOS LOS DEMÁS.

¿QUÉ CUATRO PRECEPTOS?

APRENDIZAJE, ▷LICACIONES ▷RÁCTICAS, LEALTAD E INTEGRIDAD.

EL MAESTRO SE SIRVIÓ EN SUS ENSEÑANZAS DE CUATRO COSAS: LA LITERATURA, LAS REALIDADES DE LA VIDA, LA LEALTAD Y LA BUENA FE.

LA IDEA GENERAL ERA PONER EN PRÁCTICA LO QUE SE APRENDÍA.

PROCURANDO SIEMPRE QUE LAS ACCIONES DE UNO FUERAN BIENINTENCIONADAS Y NOBLES.

EN MI OPINIÓN, ESTOS CUATRO PRECEPTOS NO LE VENDRÍAN NADA MAL A LA SOCIEDAD ACTUAL.

PUES SÍ...

ES IMPORTANTE BUSCAR APLICACIONES PRÁCTICAS A LO QUE UNO APRENDE.

PERO NO RESULTA NADA FÁCIL, NO CREAS.

YA.

DICES QUE TODO ESO ERA PARA FORMAR A GOBERNANTES.

ENTONCES, ¿LAS ANALECTAS ERAN COMO UNA ESPECIE DE MANUAL DE POLÍTICA?

BUENO, HAY BASTANTES REFERENCIAS A LA POLÍTICA Y LOS GOBERNANTES, PERO...

HUMANITARISMO

LAS ENSEÑANZAS DE LAS ANALECTAS SE CENTRAN SOBRE TODO EN LA BÚSQUEDA DEL HUMANITARISMO.

¿DEL HUMANITARISMO?

¡YA SABES!

EXCAVAR ESQUELETOS DE ANTEPASADOS Y TODO ESO.

¡¡QUE OS ESTÁIS COLANDO!! ¡ESO ES ANTROPOLOGÍA!

EN POCAS PALABRAS...

"HUMANITARISMO" SIGNIFICA SENTIR AMOR POR EL PRÓJIMO.

¿OS ACORDÁIS DE LAS CINCO CONSTANTES QUE PROMULGABA CONFUCIO COMO BASE DE SUS ENSEÑANZAS?

HUMANITARISMO

JUSTICIA

CORRECCIÓN

SABIDURÍA

INTEGRIDAD

¡UOO

OH!

HUMANITARISMO

JUSTICIA

CORRECCIÓN

SABIDURÍA

INTEGRIDAD

DE LAS CINCO, LA MÁS IMPORTANTE DE TODAS ES EL HUMANITARISMO.

¿LA MÁS IMPORTANTE?

PERO NO ES TAN SENCILLO...

...ASIMILAR UN CONCEPTO TAN COMPLEJO.

"MIENTRAS AÑORE EL HUMANITARISMO, SE HALLARÁ A MANO".

EL MAESTRO DIJO: "¿ES EL HUMANITARISMO ALGO INALCANZABLE? MIENTRAS AÑORE EL HUMANITARISMO, ESTE SE HALLARÁ A MANO".

EL CAMINO DEL "HUMANITARISMO" NO ES UN IDEAL LEJANO.

SI LO QUE DESEÁIS ES PONERLO EN PRÁCTICA AHORA, EN ESTOS MOMENTOS...

...LO ENCONTRARÉIS AL ALCANCE DE VUESTRA MANO.

EL HUMANITARISMO DEBE EMPEZAR POR LOS QUE TENEMOS MÁS CERCA.

Y BASTA EL DESEO DE PONERLO EN PRÁCTICA PARA PODER APLICARLO.

AH, YA ENTIENDO.

AL FINAL DE SUS DÍAS, CONFUCIO SE DIO CUENTA DE QUE AQUELLOS QUE TENÍAN HUMANITARISMO EN SU CORAZÓN ERAN LOS QUE LO PRACTICABAN ACTIVAMENTE.

POR ESO INSISTÍA TANTO EN EL CONCEPTO Y SUS APLICACIONES.

¿Y TÚ, IIDA? ¿SE TE HA PEGADO UN POCO DE "HUMANITARISMO" DE TANTO ESTUDIAR LAS ANALECTAS?

PUES TENIENDO EN CUENTA QUE SOY PROFESOR...

CREO QUE NO ESTARÍA NADA MAL.

¿Y TE LO CREES Y TODO?

¿CÓMO QUE "Y TODO"?

TU NOMBRE DE PILA YA SIGNIFICA "HUMANITARISMO", ¿NO?

¡YA VALE!

¡¡EL NOMBRE NO TIENE NADA QUE VER!!

¡JUA, JA, JA, JA!!

¡SUGIYAMA!

Tened en mente a vuestros padres

246

AAAH.

HASTA QUE NO LO TUVE A ÉL...

¡...NO ME DI CUENTA DE LO MUCHO QUE LES DEBO A MIS PADRES!

¿ADÓNDE VAS A ESTAS HORAS!?

¡¿TE ESTÁS PASANDO!?

DING DING

JA JA JA...

LA DE QUEBRA-DEROS DE CABEZA QUE LES HABRÉ DADO.

¡ME DAN UN DINERI-LLO!

Y QUE LES SIGO DAN-DO.

¿AH, SÍ?

CUANDO LOS VEO JUGAR CON SU NIETO...

...ME DOY CUENTA DE LO MAYORES QUE SE HAN HECHO LOS DOS.

NO SÉ CUÁNTO TIEMPO MÁS PODRÉ TENERLOS A MI LADO.

UY...

VAYA TEMITA MÁS TRISTE HE SACADO.

ES NATURAL PENSAR EN QUE NUESTROS PADRES ENVEJECEN.

CONFUCIO TOCA BASTANTE EL TEMA DE LOS PADRES EN LAS ANALECTAS.

DICE QUE TENEMOS QUE PENSAR EN LA EDAD QUE TIENEN. ALEGRARNOS Y PREOCUPARNOS A PARTES IGUALES POR ELLOS.

EL MAESTRO DIJO: "TENED SIEMPRE EN MENTE LA EDAD DE VUESTROS PADRES. QUE ESTE PENSAMIENTO SEA AL MISMO TIEMPO VUESTRA ALEGRÍA Y VUESTRA PREOCUPACIÓN".

NO SE NOS PUEDE OLVIDAR QUE YA VAN TENIENDO UNA EDAD...

PERO POR OTRA, DEBEMOS SER CONSCIENTES DE QUE, POR ESO MISMO, EMPIEZAN A NECESITARNOS MÁS.

EJE... EJE...

POR UNA PARTE, ES BONITO PENSAR QUE HAN TENIDO UNA VIDA LARGA.

ES JUSTO COMO TÚ HAS DICHO, NARI. HAS ENTENDIDO DE VERDAD A TUS PADRES CUANDO HAS TENIDO TUS PROPIOS HIJOS.

251

PERO SI NO QUEDA MÁS REMEDIO QUE MARCHARSE...

ENTONCES DEBEMOS DEJAR MUY CLARO ADÓNDE VAMOS Y CÓMO PUEDEN ENCONTRARNOS.

VAMOS, QUE LOS PADRES NUNCA DEJAN DE PREOCUPARSE POR EL BIENESTAR DE SUS HIJOS.

NO PUEDEN EVITAR ESTAR INTRANQUILOS CUANDO NOS MARCHAMOS LEJOS.

TÚ TAMBIÉN DOMINAS EL TEMA, ¿EH, AMANO?

-CARAY...

¡JA!

¡AGH!

JE, JE...

¿YA SE OS HA OLVIDADO QUIÉN SOY YO?

ERA UNA NIÑA PRODIGIO!

AQUÍ TENÉIS OTRA ANÉCDOTA DE LAS ANALECTAS SOBRE EL MISMO TEMA.

EL SEÑOR MENG WUBO PREGUNTÓ SOBRE LA PIEDAD FILIAL.

MENG WUBO, MIEMBRO DE UNA IMPORTANTE FAMILIA DE LU.

¿EN QUÉ CONSISTE LA PIEDAD FILIAL?

EL MAESTRO RESPONDIÓ...

"LA ÚNICA OCASIÓN EN QUE UN HIJO CONSCIENTE DE SU DEBER HACE QUE SUS PADRES SE PREOCUPEN ES CUANDO ESTÁ ENFERMO".

UN HIJO DEVOTO SOLO PERMITE QUE SUS PADRES SE PREOCUPEN POR ÉL CUANDO CAE ENFERMO.

LA ENFERMEDAD ES ALGO QUE ESCAPA A NUESTRO CONTROL, POR ESO ES LO ÚNICO CON LO QUE ES TOLERABLE PREOCUPARLES.

EN ESTE CASO, "PREOCU-PARSE" TIENE DOBLE SEN-TIDO.

NO SE TRATA SOLO DE "CAUSAR PREOCUPACIÓN", TAMPOCO DEBEMOS HACER QUE NUES-TROS PADRES TENGAN QUE "CUIDARNOS".

MIRA QUÉ LISTO.

¿AH, SÍ?

HAMBRE... ME MUERO DE HAMBRE...

¡GUAAA!

¿QUIERES QUE TE LLEVE ALGO DE ARROZ, HIJA?

YO LOS PREOCUPO POR TODO. ME TEMO QUE LO DE LA PIEDAD FILIAL LO LLEVO CHUNGO...

EN MI OPINIÓN, BASTA CON VALORAR Y TRATAR A TUS PADRES COMO SE MERECEN.

¡ES OTRA FOR-MA DE VER-LO!

CONFUCIO ASPIRABA A CONSTRUIR UNA SOCIEDAD PERFECTA.

Y, PARA ELLO, LAS PERSONAS NECESITABAN TENER UN CORAZÓN AFECTUOSO Y AGRADECIDO.

DE CAMINO EN SU VIAJE HACIA EL ESTADO DE CHU...

...CONFUCIO LLEGÓ A LA CIUDAD AMURALLADA DE SHE, GOBERNADA POR SHEN ZHULIANG, DUQUE DE SHE.

TRAC

TRAC

TRAC

TRAC

LOS RUMORES DE VUESTRA SABIDURÍA HAN LLEGADO A MIS OÍDOS.

ABOGÁIS POR UNA POLÍTICA DE ALTOS Y NOBLES VALORES.

AÚN ME FALTA MUCHO CAMINO POR RECORRER.

HEN ZHULIANG
Gobernador de She

ME GUSTARÍA CONOCER VUESTRA OPINIÓN SOBRE UN TEMA.

¿DE QUÉ SE TRATA?

SHEN ZHULIANG FORMULÓ SU PREGUNTA.

EL GOBERNADOR DE SHE PREGUNTÓ A CONFUCIO SOBRE EL GOBIERNO.

EL MAESTRO RESPONDIÓ...

SI LAS PERSONAS CERCANAS SON FELICES...

...MUCHAS MÁS VENDRÁN DESDE LEJOS.

"HAZ FELIZ A LA POBLACIÓN LOCAL Y ATRAE EMIGRANTES DE LEJOS".

ME ENCANTA ESTE SITIO.

QUÉ BIEN SE VIVE AQUÍ.

UN GOBIERNO QUE FACILITA LA VIDA DEL PUEBLO...

...ATRAE A GENTES DE LUGARES ALEJADOS.

VÁMONOS A VIVIR A ESE PUEBLO.

¡YA LO ENTIENDO!

¡SOIS UN VERDADERO SABIO!

¡AJÁ!

CONFUCIO Y EL DUQUE DE SHE SIGUIERON HABLANDO DEL TEMA DURANTE LARGO RATO.

ES MÁS, MAESTRO...

CUENTO ENTRE MIS SÚBDITOS CON UN HOMBRE DE UNA INTEGRIDAD INTACHABLE.

EL GOBERNADOR DE SHE DECLARÓ A CONFUCIO: "ENTRE MIS SÚBDITOS HAY UN HOMBRE CON UNA INTEGRIDAD A TODA PRUEBA".

"CUANDO SU PADRE ROBÓ UNA OVEJA, LO DENUNCIÓ".

POR LO VISTO, LO PILLÓ CON LAS MANOS EN LA MASA.

¿PA-PÁ?

¡PILLADO!

OS RUEGO QUE PERDONÉIS A MI PADRE.

¡COMO...!

Y LE FALTÓ TIEMPO PARA ACUDIR A CONFESAR VOLUNTARIAMENTE SU DELITO.

QUE HAYA GENTE CAPAZ DE DENUNCIAR LOS CRÍMENES DE SUS FAMILIARES...

¿...NO ES ACASO UNA PRUEBA DE QUE MIS LEYES SE RESPETAN CON FERVOR?

...

POR UNA PARTE...

EL COMPORTAMIENTO DESCRITO POR EL DUQUE DE SHE ERA ÉTICAMENTE IMPECABLE.

SIN EMBARGO, CONFUCIO NO QUERÍA DECIR QUE FUERA CORRECTO ENCUBRIR LOS CRÍMENES AJENOS.

SIMPLEMENTE PENSABA QUE ERA MUCHO MÁS IMPORTANTE...

...TENER UN CORAZÓN LLENO DE AMOR Y HUMANITARISMO, ADEMÁS DE PIEDAD FILIAL HACIA LOS PADRES.

HUMANITARISMO

PIEDAD FILIAL

CON AFECTO

SIN AFECTO

POR ESO QUISO RECALCAR QUE QUERER PROTEGER A TUS FAMILIARES A PESAR DE HABER COMETIDO UN DELITO ES EL SENTIMIENTO MÁS NATURAL.

SIN VIRTUD

SIN HUMANITARISMO

¡NO QUIERO!

¿EN SERIO?

POR CONSIGUIENTE, UN GOBIERNO ALEJADO DE LA VIRTUD Y DESPROVISTO DE HUMANITARISMO JAMÁS LOGRARÁ GANARSE LA LEALTAD DEL PUEBLO.

ESA ERA LA TEORÍA DE CONFUCIO.

POR ESO LA FAMILIA ES UNO DE LOS PILARES DEL CONFUCIANISMO.

EL MAESTRO YOU DIJO: "UN HOMBRE QUE RESPETA A SUS PADRES Y A SUS MAYORES DIFÍCILMENTE ESTARÁ INCLINADO A DESAFIAR A SUS SUPERIORES. UN HOMBRE QUE NO ESTÉ INCLINADO A DESAFIAR A SUS SUPERIORES NUNCA FOMENTARÁ UNA REBELIÓN".

"UN CABALLERO TRABAJA EN LO ESENCIAL Y, UNA VEZ QUE LO ESENCIAL ESTÁ ASEGURADO, SE DESARROLLA LA VÍA. RESPETAR A LOS PADRES Y A LOS MAYORES ES LA BASE ESENCIAL DEL HUMANITARISMO".

ESTAS SON LAS PALABRAS DE YOU, UNO DE LOS DISCÍPULOS DE CONFUCIO.

SI UN HOMBRE CONOCE EL RESPETO HACIA SUS PADRES Y HERMANOS MAYORES...

...ES DE ESPERAR QUE HAGA LO PROPIO CON SUS SUPERIORES, YA QUE ES A LO QUE ESTÁ ACOSTUMBRADO.

LA FAMILIA TIENE QUE NUTRIR EL HUMANITARISMO Y LA PIEDAD FILIAL DE LOS HIJOS.

HUMANITARISMO

PIEDAD FILIAL

SOCIEDAD IDEAL

CREÍA QUE ERA POSIBLE DERRIBAR EL ORDEN SOCIAL ESTABLECIDO PARA CREAR UNO NUEVO Y MEJOR.

POR ESO, EN LAS ANALECTAS...

...HACÍA TANTO HINCAPIÉ EN EL CONCEPTO DE LA PIEDAD FILIAL.

OTRA TEORÍA...

...ES QUE TENÍA UN CONCEPTO IDEALIZADO PORQUE SU VIDA FAMILIAR NO HABÍA RESULTADO SATISFACTORIA.

¿POR QUÉ NO?

¿HABÍA ALGÚN PROBLEMA EN SU CASA?

CONFUCIO ERA MUY PEQUEÑO...

...CUANDO SU PADRE FALLECIÓ.

TAMBIÉN PERDIÓ A SU MADRE CUANDO AÚN ERA JOVEN.

MA-
MÃ...

QIU...

KONG HE FALLECIÓ CUANDO CONFUCIO TENÍA SOLO TRES AÑOS.

SU MA-DRE, YAN ZHENGZAI, TUVO QUE SACARLO ADELANTE SOLA.

Y FALLECIÓ CUANDO ÉL APENAS HABÍA CUMPLIDO LOS 17.

AL NO HABER PODIDO CONTAR CON EL AMOR DE AMBOS PADRES DURANTE SU INFANCIA Y JUVENTUD, LE RESULTABA IMPOSIBLE EJERCER LA VIRTUD DE LA PIEDAD FILIAL.

SEGURA-MENTE FUERA UN CONCEPTO QUE LO PERSIGUIÓ TODA SU VIDA.

TRAS LA MUERTE DE SU MADRE, VOLVIÓ A VIVIR CON SUS MEDIO HERMANOS Y SUS MADRAS-TRAS.

POBRE CHAVAL, SÍ QUE LO TUVO CRUDO PARA EM-PEZAR.

SIN PADRES, NO HAY PIEDAD FILIAL QUE VALGA.

VER SI APLI-S EL NTO, NA.

A MÍ NO ME HABLES EN ESE TONO.

"SE PIENSA QUE SON HIJOS OBEDIENTES LOS QUE ALIMENTAN A SUS PADRES. PERO TAMBIÉN ALIMENTAN A SUS PERROS Y CABALLOS. A MENOS QUE HAYA RESPETO, ¿DÓNDE ESTÁ LA DIFERENCIA?"

ZIYOU PREGUNTÓ SOBRE LA PIEDAD FILIAL. EL MAESTRO RESPONDIÓ: "SE PIENSA QUE SON HIJOS OBEDIENTES LOS QUE ALIMENTAN A SUS PADRES. PERO TAMBIÉN ALIMENTAN A SUS PERROS Y CABALLOS. A MENOS QUE HAYA RESPETO, ¿DÓNDE ESTÁ LA DIFERENCIA?"

¡UY!

¡DE ESA ME ACUERDO, ¿VES?!

¡NOS LA ENSEÑÓ LA PROFESORA MUU EN CLASE!

LA GENTE HOY EN DÍA CREE QUE LA PIEDAD FILIAL CONSISTE EN DAR COMIDA Y CAMA A SUS PADRES, ¡Y LISTO!

...

BONITO.

BONITO.

HIJO

¡GUAU!!

PADRE

¡IGUAL QUE SI FUERAN MASCOTAS!

¡PREMIO!

POR ESO HAY QUE PREOCUPARSE POR ELLOS Y TRATARLOS CON RESPETO.

OJO, QUE TAMBIÉN PUEDE PASAR AL REVÉS.

SI TE LIMITAS A ALIMENTAR Y VESTIR A UN NIÑO NO ESTÁS CUMPLIENDO TU VERDADERO DEBER COMO PADRE O MADRE.

OH, OH...

...

BONITO, BONITO...

HIJO

MADRE

HAY QUE DAR AMOR A LOS NIÑOS.

Y TRATARLOS CON PROPIEDAD.

¡NO HAY PROBLEMA!

GRAB

¡¡PIENSO SER LA PERSONA DEL MUNDO QUE MEJOR COMPRENDA A MI NIÑO!!

GU U U...

GU U U...

OYE...

QUE YO TAMBIÉN PINTO AQUÍ.

¡JA JA JA!

No ayudo a quien no intenta

RES-
PETAR
A LOS
PADRES,
¿EH?

CREO
QUE
YO NO
DEBERÍA
HABLAR
EN ESTE
CASO.

AH...

ES VERDAD, TU MADRE MURIÓ CUANDO ESTÁBAMOS EN 2º DE SECUNDARIA.

Y LA RELACIÓN CON TU PADRE ERA MUY TIRANTE.

¡¡ESE HOMBRE YA NO ES MI PADRE!!

ME PREGUNTO SI AHORA SE LLEVARÁN MEJOR...

AKARI... ¿QUÉ TAL CON TU PADRE?

MÁS O MENOS...

NO PUEDO COMPORTARME COMO UNA CHIQUILLA TODA LA VIDA.

SI LO DIGO EN PALABRAS DE CONFUCIO...

CREO QUE SERÍA ESTA CITA.

"NUNCA RECORDARON LAS VIEJAS OFENSAS Y RARA VEZ PROVOCARON EL RESENTIMIENTO".

EL MAESTRO DIJO: "BOYI Y SHUQI NUNCA RECORDARON LAS VIEJAS OFENSAS Y RARA VEZ PROVOCARON EL RESENTIMIENTO".

LOS HERMANOS BOYI Y SHUQI FUERON VERDADEROS EJEMPLOS DE INTEGRIDAD.

LAMENTAMOS MUCHO LO QUE PASÓ.

ASÍ, SE GRANJEARON EL RESPETO DE LA GENTE Y EVITARON GANARSE ENEMIGOS.

AMBOS DECIDIERON DEJAR LAS VIEJAS RENCILLAS EN EL PASADO Y ESFORZARSE PARA TRATAR DE EVITAR CREAR NUEVOS CONFLICTOS.

BAH, TAMPOCO FUE PARA TANTO.

NO SIRVE DE NADA RECORDAR LOS ERRORES DE LA GENTE A TODAS HORAS.

Y YO NO QUERÍA CONVERTIRME EN UNA PERSONA RETORCIDA Y RENCOROSA, INCAPAZ DE PERDONAR.

ASÍ QUE EL PASADO, PASADO ESTÁ.

ADEMÁS DE ESO, COLABORO CON MI PADRE EN SU TRABAJO.

AUNQUE LA VERDAD ES QUE LO ÚNICO QUE HAGO ES APARECER A SU LADO DE VEZ EN CUANDO.

¡VAYA!

¿YA TIENES TIEMPO PARA TODO?

SIN EMBARGO, A VECES ME VIENE A LA MENTE ESTA CITA DE CONFUCIO...

¡TENGO LA ESPERANZA DE PODER APROVECHAR LAS RUTAS COMERCIALES DE MI PADRE PARA PROBAR LOS EFECTOS DE LA VACUNA ALGÚN DÍA!

BÁSICA-MENTE, VIENE A DECIR QUE, SIN HUMANITARISMO, LOS REFINA-MIENTOS COMO LAS NORMAS SOCIALES O LA MÚSICA NO SIRVEN PARA NADA.

EL MAESTRO DIJO: "SI UN HOM-BRE NO TIENE HU-MANITARISMO, ¿PARA QUÉ LE SIRVEN LOS RITOS? SI UN HOMBRE NO TIENE HUMANITA-RISMO, ¿PARA QUÉ LE SIRVE LA MÚSICA?"

CON-FUCIO DIJO...

COMO HUMANOS, SI NO PENSA-MOS EN LOS OTROS, LAS CONVENCIO-NES SOCIALES RESULTAN INÚTILES.

...NUESTRA MÚSICA CARECERÁ DE VER-DADERA ARMONÍA.

POR MUCHO QUE RESPETE TODAS LAS CONVENCIONES SOCIALES...

SI NO ESTOY SIENDO SINCERA CON LA PERSONA QUE TENGO DELANTE, NO ES MÁS QUE HIPOCRESÍA.

CON-FIAN-ZA

PARA COMERCIAR DE VERDAD ES NECESARIA UNA RELACIÓN DE AUTÉNTICA CONFIANZA.

ADEMÁS, LA SINCERIDAD ES OTRO DE LOS PILARES DE LAS ENSEÑANZAS DE CONFUCIO.

OTRO QUE EL MUNDO EN GENERAL DEBERÍA APLICARSE.

HABÍA MÁS CITAS QUE TRATABAN ESTE CONCEPTO...

EL MAESTRO DIJO: "SIN LOS RITOS, LA CORTESÍA CANSA; SIN LOS RITOS, LA PRUDENCIA ES TÍMIDA; SIN LOS RITOS, EL VALOR ES PENDENCIERO; SIN LOS RITOS, LA FRANQUEZA ES DAÑINA".

"CUANDO LOS CABALLEROS TRATAN A SUS PROPIOS FAMILIARES CON GENEROSIDAD, LAS PERSONAS ORDINARIAS SON ATRAÍDAS A LA BONDAD; CUANDO NO SE OLVIDAN LOS VIEJOS VÍNCULOS, LAS PERSONAS ORDINARIAS NO SON VOLUBLES".

SENTIR RESPETO NO ES SUFICIENTE SI IGNORAMOS LAS FORMAS CORRECTAS PARA MOSTRARLO.

ESTO... YO...

AY, NO SÉ SI ES APROPIADO HACERLO AHORA O NO...

PERO ES QUE...

SI ES SOLO SALIR UN MOMENTO...

PORQUE ES MUY FÁCIL ACABAR PECANDO DE PRUDENTES.

POR OTRA PARTE, LOS QUE TIENEN CARACTERES MÁS LANZADOS PERO DESCONOCEN LAS NORMAS PUEDEN ACABAR SIENDO VIOLENTOS.

¡QUITA! ¡YO ME ENCARGO!

PERO...

ESO TE PAGA POR SER ASÍ.

DEBERÍAS SER MÁS ASÍ.

NO TIENES PELOS EN LA LENGUA, ¿EH?

DE IGUAL MANERA, LA SINCERIDAD DESPROVISTA DE CORTESÍA SE VUELVE HIRIENTE.

DA IGUAL LO QUE HAGAS, SI NO TIENES EN CUENTA LAS NORMAS SOCIALES O "RITOS", CAES EN ACTOS INDECOROSOS.

AHORA QUE LO MENCIONAS, HE TENIDO MIS MÁS Y MIS MENOS CON MIS COMPAÑEROS DE TRABAJO POR ESO.

HAS DICHO QUE ADEMÁS DE A LA INVESTIGACIÓN EN LA UNIVERSIDAD, TE DEDICABAS AL COMERCIO CON TU PADRE, ¿NO?

ESO MISMO.

QUÉ BARBARIDAD.

¿Y YA PUEDES COMPAGINAR LAS DOS COSAS?

Y YO QUE CON UN SOLO CURRO YA ESTOY DESBORDADO...

YO YA ESTABA DESBORDADO CON LAS CLASES DEL INSTI.

NI ME PLANTEÉ LO DE ESTUDIAR UNA CARRERA...

¡IGUAL QUE YO!

BUENO, NO SIEMPRE ME SALEN BIEN LAS COSAS, PERO ME TOMO LOS ERRORES COMO OPORTUNIDADES PARA MI CRECIMIENTO PERSONAL Y ASÍ NO ME DUELEN TANTO.

EL APREN-DIZA-JE...

...SE CONS-TRUYE POCO A POCO A BASE DE PEQUEÑOS ESFUER-ZOS.

PERO ES NECESARIA UNA GRAN FUERZA DE VOLUN-TAD.

ZAS

IMAGI-NAOS QUE ESTÁIS LEVAN-TANDO UNA MON-TAÑA POCO A POCO.

EL MAESTRO DIJO: "ES COMO CONSTRUIR UN TÚMULO: SI UNO SE DETIENE ANTES DEL ÚLTIMO CESTO DE TIERRA, EL TÚMULO QUEDA PARA SIEMPRE INACABADO. ES COMO LLENAR UNA ZANJA: UNA VEZ QUE SE HA LLENADO LA PRIMERA CANASTA, SOLO SE NECESITA CONTINUAR HASTA TERMINAR".

O, SI LO PREFERÍS, PENSAD QUE LA ESTÁIS MOVIENDO. PARA MOVER UNA MONTAÑA, HAY QUE EMPEZAR POR LAS PIEDRAS MÁS PEQUEÑAS, PERO LO MÁS IMPORTANTE ES NO CEJAR EN EL EMPEÑO.

SI OS PROPONÉIS LEVANTAR ESA MONTAÑA, PERO FLAQUEÁIS A LAS PRIMERAS DE CAMBIO, EL FRACASO ES CULPA VUESTRA.

DEBÉIS ARMAROS DE PACIENCIA E IR LLENANDO LA CESTA CON PIEDRAS Y BARRO Y AVANZAR, PASO A PASO SI ES NECESARIO.

OS COSTARÁ UN AÑO, CINCO O DIEZ.

LA CUESTIÓN ES SER CONSTANTE Y NO DETENERSE.

Y UNA COSA MÁS, ZIXIA.

¿MAESTRO?

EL MAESTRO DIJO A ZIXIA...

SÉ UN NOBLE ERUDITO Y NO UN VULGAR ARROGANTE.

Y LO MISMO OS DIGO A TODOS.

ES MI DESEO QUE EMPLEÉIS EL CONOCIMIENTO PARA ACTUAR CON VIRTUD Y NO CON VULGARIDAD.

¡SÍ, MAESTRO!

SI NO ASUMES TU RESPONSABILIDAD, NUNCA OBTENDRÁS RESULTADOS.

¡LO CONSEGUÍ!

NADA.

NO PUEDES DEJAR DE APRENDER SI QUIERES SEGUIR CULTIVÁNDOTE COMO PERSONA.

ADEMÁS, HOY EN DÍA ESTUDIAR TE DA UNA VENTAJA A LA HORA DE ENCONTRAR TRABAJO.

TÚ HAS DICHO QUE TRABAJABAS COMO PROFESOR, ¿NO?

DE FILOSOFÍA, EN UN INSTITUTO, SÍ.

¿QUÉ SE SIENTE AL SER EL PROFE?

PUES ES MÁS DURO DE LO QUE PARECE.

COMO SOY EL PROFE NUEVO, LOS CHAVALES NO ME TIENEN DEMASIADO RESPETO.

JA JA JA...

¿PARA QUÉ QUIERES SABERLO?

¿TIENES NOVIA, PROFE?

JA JA...

ES PORQUE NO HAY MUCHA DIFERENCIA DE EDAD ENTRE VOSOTROS.

ADEMÁS, SER PROFESOR NO CONSISTE SOLO EN ENSEÑAR.

TAMBIÉN SOY RESPONSABLE DE MIS ALUMNOS.

¿RESPONSABLE?

EXACTAMENTE.

OTRAS NO CONSIGUEN COMPLETAR EL PROCESO Y SUS FLORES JAMÁS LLEGAN A SER FRUTO.

SIEMPRE HAY ALGUNA QUE NO TERMINA DE FLORECER, A PESAR DE HABER DESARROLLADO HASTA LA YEMA.

UNOS OBTIENEN SUS FRUTOS.

OTROS NO.

COMO EDUCADOR, ME LLENA DE TRISTEZA...

A PESAR DE PROPORCIONARLES LAS MISMAS ATENCIONES, LOS ALUMNOS REACCIONAN DE MANERAS DISTINTAS.

...CUANDO ALGUNO DE MIS DISCÍPULOS NO LOGRA ALCANZAR EL OBJETIVO.

NO OBSTANTE, AUNQUE CONFUCIO COMPARÓ EDUCAR CON CULTIVAR PLANTAS...

EN REALIDAD PENSABA QUE CUANDO LOS JÓVENES NO ALCANZABAN SUS FRUTOS, SE DEBÍA A SU FALTA DE ESFUERZO.

INTENTA PISARME SI PUEDES.

YO DE AQUÍ NO ME APARTO.

PERO COMO EDUCADOR, SIEMPRE LAMENTABA NO HABER SIDO CAPAZ DE HACER QUE LA PLANTA DIERA SU FRUTO.

SE SENTÍA RESPONSABLE DEL APRENDIZAJE DE SUS DISCÍPULOS.

A MÍ ME PASA LO MISMO, NADA ME GUSTARÍA MÁS QUE MIS ENSEÑANZAS DIERAN SUS FRUTOS.

JE, JE...

PERO EL ALUMNO TAMBIÉN TIENE QUE TRABAJAR POR SU CUENTA.

TODOS LOS PROFESORES DEBERÍAN PENSAR ASÍ.

EXACTO, ESE ES EL QUID DE LA CUESTIÓN.

¿POR SU CUENTA?

PUES...

SEGÚN CONFUCIO...

LO MEJOR ES EXPLICAR SOLO UNA PARTE DE LAS ENSEÑANZAS PARA QUE LOS PROPIOS ALUMNOS SE ESFUERCEN EN PENSAR POR SÍ MISMOS LAS RESPUESTAS QUE LES FALTAN.

EL MAESTRO DIJO: "YO NO DESVELO LA VERDAD A AQUELL QUE NO MUESTR ENTUSIASMO PC ELLA, NI TAMPOC AYUDO A QUIEN INTENTA EXPRESA CON FERVOR. DES SOLO UNA PARTE LA CUESTIÓN Y, S ESTUDIANTE N PUEDE DESCUBR EL RESTO, NO DIGO MÁS".

...

¡VEN-
GA YA,
HOM-
BRE!
¡JA!
JA!
JA!!
¡JA!
JA!
JA!

¡MAES-
TRO!

¿NO
VAIS A
ENSEÑAR
A ESOS
HOM-
BRES?

NO.

NO
PERCIBO
EN ELLOS
VOLUNTAD
ALGUNA DE
APRENDER.

¿VO-
LUN-
TAD DE
APREN-
DER?

SI NO VEO QUE EL DISCÍPULO SE PREOCUPA POR ENCONTRAR SOLUCIÓN A UNA PREGUNTA...

NO ME ACERCO A OFRECÉRSELA.

SI NO ME PARECE QUE SE ESFUERZAN EN BUSCAR LAS PALABRAS CORRECTAS PARA EXPRESAR UNA IDEA...

NO LES AYUDO SEGUIR

MIRA, POR EJEMPLO...

¡ZIXIA!

¿SÍ?

SI TE DIGO QUE ESTE EXTREMO DE LA CAJA SE LLAMA "ESQUINA", ¿QUÉ DEDUCES DE ELLO?

EXACTO. LO MISMO OCURRE CON EL CONOCIMIENTO.

YO SOLO EXPLICO UNA PARTE Y DEJO EL RESTO POR DESCUBRIR.

PUES...

QUE EL RESTO DE EXTREMOS TAMBIÉN SE LLAMARÁN "ESQUINAS".

ENTIENDO... SI NO TIENEN VERDADERA VOLUNTAD DE APRENDER, NO MERECE LA PENA SEGUIR ENSEÑÁNDOLES.

Y NUNCA REPITO UNA LECCIÓN DOS VECES.

?

ESA ERA LA MANERA DE ENSEÑAR QUE TENÍA CONFUCIO. AYUDABA SOLO A AQUELLOS QUE MOSTRABAN VERDADERO INTERÉS.

OFRECIENDO SOLO UNA PARTE, ESPOLEABA LA CURIOSIDAD DE SUS DISCÍPULOS.

PORQUE LA MEJOR MANERA DE APRENDER ALGO ES DESCUBRIRLO POR UNO MISMO.

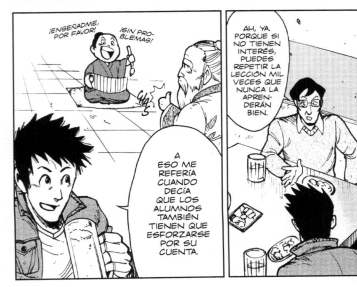

¡ENSEÑADME, POR FAVOR!

¡SIN PROBLEMAS!

AH, YA. PORQUE SI NO TIENEN INTERÉS, PUEDES REPETIR LA LECCIÓN MIL VECES QUE NUNCA LA APRENDERÁN BIEN.

A ESO ME REFERÍA CUANDO DECÍA QUE LOS ALUMNOS TAMBIÉN TIENEN QUE ESFORZARSE POR SU CUENTA.

AHORA QUE LO PIENSO, LOS PROFES DEBÍAN DE CONSIDERAR-NOS UN PAR DE CASOS PERDIDOS.

QUÉ PALO...

ME DUERMO...

PUES SÍ.

ES QUE EN LOS ESTU-DIOS HAY GENTE PARA TODO.

LO IDEAL SERÍA QUE CADA CUAL PUDIERA APRENDER A SU PROPIO RITMO, PERO...

CADA VEZ QUE UN DISCÍPULO LE PREGUN-TABA ACER-CA DEL HUMANI-TARISMO...

¿VES? CONFUCIO TAMBIÉN PENSÓ EN ESO.

¿AH, SÍ?

...LA RESPUESTA ERA DIFE-RENTE Y ADAPTADA A CADA UNO.

SIMA NIU PREGUNTÓ SOBRE EL HUMANITARISMO.

EL MAESTRO RESPONDIÓ...

¡MAESTRO! ¿EN QUÉ CONSISTE EL HUMANITARISMO?

"QUIEN PRACTICA EL HUMANITARISMO ES REACIO A HABLAR".

CONSISTE EN SABER CONTENER LA LENGUA.

¿CONTENER LA LENGUA? ¿NADA MÁS?

AQUEL INSISTIÓ: "¿REACIO A HABLAR? ¿Y A ESO LO LLAMA HUMANITARISMO?

EL MAESTRO AFIRMÓ: "CUANDO LA PRÁCTICA DE ALGO ES DIFÍCIL, ¿CÓMO SE PUEDE HABLAR DE ELLO A LA LIGERA?"

LAS PALABRAS SE LAS LLEVA EL VIENTO, SIMA NIU.

EL HUMANITARISMO CONSISTE EN NO TOMARSE LAS COSAS A LA LIGERA.

CONFUCIO SABÍA QUE SIMA NIU TENÍA TENDENCIA A HABLAR MUCHO, POR ESO SE LO PLANTEÓ ASÍ.

YAN HUI PRE-GUNTÓ ACERCA DEL HUMANITARIS-MO.

EL MAESTRO RESPONDIÓ...

¡MAESTRO! ¿EN QUÉ CONSISTE EL HUMANITARISMO?

"LA PRÁCTICA DEL HUMANITARISMO SE REDUCE A DOMESTICAR EL YO Y A RESTAURAR LOS RITOS".

TIENES QUE SABER CONTROLAR TUS IMPULSOS.

NO OLVIDES QUE EXISTEN UNAS NORMAS DE CONVIVENCIA.

"DOMESTICA YO Y RESTAURA RITOS, AUNQUE A UN SOLO DÍA, Y EL MUNDO ENTERO SE UNIRÁ A TU HUMANI-TARISMO".

LA PRÁCTICA DE ESTA VIR-TUD PROCEDE DEL YO, Y DE NINGUNA OTRA COSA.

NO DEBES IGNORAR LAS NORMAS DE LA CORTESÍA, NI ACTUAR DE MANERA IMPROPIA. NI SIQUIERA UN DÍA.

QUE SEAS VIRTUOSO O NO DEPENDE SOLO DE TI MIS-MO.

ESA FUE LA RES-PUESTA PARA YAN HUI.

RAN YONG PREGUNTÓ SOBRE EL HUMANITARISMO.

¡MAESTRO! ¿EN QUÉ CONSISTE EL HUMANITARISMO?

EL MAESTRO DIJO...

SI VIAJAS FUERA, TRATA A TODOS A QUIENES ENCUENTRES EN TU CAMINO COMO SI FUERAN UN INVITADO DE HONOR Y COMPÓRTATE ANTE QUIENES TE SIRVAN COMO SI ESTUVIERAS CELEBRANDO UNA CEREMONIA IMPORTANTE.

"CUANDO ESTÉS E OTRO ESTA ACTÚA CO SI ESTUVIE FRENTE A HUÉSPED IM TANTE. DIRÍ A LOS DEM COMO SI E VIERAS OFICI UN GRAN FICIO. LO G NO DESEE RA TI, NO IMPONGA A LOS DEMÁS

NO HAGAS A OTROS LO QUE NO QUISIERAS QUE TE HICIERAN A TI.

ASÍ EVITARÁS LAS MALAS LENGUAS CONTRA TU PAÍS...

...Y LAS INQUINAS CONTRA TU FAMILIA.

"NO DEJES QUE EL RESENTIMIENTO ENTRE EN LOS ASUNTOS PÚBLICOS NI EN LOS PRIVADOS".

ESA FUE LA RE PUEST PARA RAN YONG

A SIMA NIU, LE INDICÓ QUE NO ERA CORRECTO HACER COMENTARIOS SIN PENSAR.

AL SAGAZ YAN HUI, LE HABLÓ DE LA ESENCIA DEL "HUMANITARISMO".

Y A RAN YONG, QUE TENÍA DOTES PARA LA POLÍTICA, LE DESVELÓ LA ACTITUD MENTAL NECESARIA PARA PRACTICARLO.

AUNQUE LAS TRES PREGUNTAS FUERON IDÉNTICAS...

...LAS RESPUESTAS DE CONFUCIO VARIARON EN FUNCIÓN DE QUÉ DISCÍPULO SE TRATABA.

TUVO EN CUENTA SUS DISTINTAS PERSONALIDADES Y TALENTOS.

Y ADAPTÓ SUS ENSEÑANZAS PARA POTENCIAR SUS CUALIDADES Y CORREGIR SUS DEFECTOS.

ERA UN VERDADERO MAESTRO.

ALGÚN DÍA ME GUSTARÍA SER TAN BUEN PROFESOR COMO ÉL.

SOÑAR ES GRATIS, ¿NO?

HITO- SHI...

CREO QUE TE HAS PUESTO EL LISTÓN DEMASIA-DO ALTO.

¡¡NO SEAS BOR-DE!!

PERO CONFUCIO ERA UN GENIO, ¿NO?

Y TÚ ERES DEL MONTÓN.

NO SÉ YO SI SERÁS CAPAZ...

¿¡VO-SO-TROS TAM-BIÉN!?

OS VALE! MENOS E PODÉIS ACER ES NIMAR-ME!

¡JUA JA JA JA JA!

¡ERA BRO-MA, HOMBRE!

EN FIN... HAY GENTE QUE INCLUSO AFIRMA QUE CONFUNCIO ERA UN SANTO.

Y ESO QUE ÉL MISMO JAMÁS SE CON-SIDERÓ COMO UN GENIO.

¡GRACIAS POR VUESTRAS SABIAS PALABRAS, MAESTRO KONG!

DE NADA.

¡NO HAY DUDA DE QUE SOIS UN GENIO!

OS EQUIVOCÁIS.

¿E...

PERSONALMENTE NO ESTOY DOTADO DE UN CONOCIMIENTO INNATO.

SOY SIMPLEMENTE UN HOMBRE QUE ADORA EL PASADO Y ES DILIGENTE EN INVESTIGARLO.

ESAS FUERON LAS PALABRAS DEL MAESTRO.

CONFUCIO SIEMPRE CONTRADECÍA A QUIENES LE LLAMABAN GENIO.

SOBRE TODO PORQUE SOLÍA PONERSE A SÍ MISMO COMO EJEMPLO PARA DEMOSTRAR LA IMPORTANCIA DEL ESTUDIO Y EL ESFUERZO.

¡EN OTRAS PALABRAS...!

¡QUE SI YO ME TAMBIÉN ME ESFUERZO, ALGÚN DÍA PODRÉ PARECERME A ÉL!

ME CUESTA IMAGINARTE COMO PROFESOR, HITOSHI...

¡¡PERO TIENES TODO MI APOYO!!

¡GRA-CIAS!

CONFUCIO CREÍA QUE SI HACÍAS TODO LO POSIBLE POR APRENDER, NO TE ARREPEN-TIRÍAS A LA HORA DE LA MUERTE.

EL MAESTRO DIJO: "ESCUCHA LA VÍA AL AMA-NECER Y MUERE SATISFECHO AL ATARDECER".

¡JUA JA JA!

BUUF...

JE JE...

...

**Un caballero
busca la armonía**

CLA NG

!?

HIP

ASÍ QUE TODOS ESTÁIS SATISFE- CHOS CON VUESTRAS VIDAS...

¿QUÉ TE PASA, SUGI-YAMA?

QUÉ RICO...

¡¡ME PASA QUE ME MUERO DE EN-VIDIA!!

¿SE TE HA SUBIDO LA CER-VEZA?

PORQUE MI TRA-BAJO ES UN ASCO.

¿Y ESO POR QUÉ LO DICES?

¿EN SERIO? PENSABA QUE TRA-BAJABAS PARA UNA COMPAÑÍA DE LAS BUENAS.

PARA ESO FUISTE A UNA UNIVER-SIDAD DE LAS MEJORCITAS, ¿NO? TU IDEA ERA ENTRAR EN UNA COM-PAÑÍA DE LAS GORDAS PARA CON-SEGUIR COBRAR UN SUEL-DAZO.

¿¡TE BUR-LAS DE MÍ O QUÉ!?

MI VIDA ES UN GRAN CHISTE.

¿AHORA ES UN CHISTE?

SOY ENCARGADO DE DEPARTAMENTO EN UNA EMPRESA DE NUEVAS TECNOLOGÍAS.

PERO LOS EMPLEADOS A MI CARGO NO ME HACEN NI CASO.

OYE.

HAZME LO QUE TE HE PEDIDO ANTES.

QUE SÍ...

ES COMO SI TODO EL MUNDO DUDARA DE MI CAPACIDAD DE LIDERAZGO.

¿TIENES ALGUNA ANÉCDOTA DE CONFUCIO QUE PUEDA AYUDARME CON ESO?

BUENO...

HABERLA, HAYLA, PERO...

CUANDO EL HOMBRE ES RECTO, LAS COSAS FUNCIONAN SOLAS.

PERO SI NO LO ES, PUEDE HARTARSE DE DAR ÓRDENES, QUE NADIE LE OBEDECERÁ.

EL MAESTRO DIJO: "SI ES RECTO, LAS COSAS MARCHAN POR SÍ SOLAS, SIN NECESIDAD DE EMITIR ÓRDENES. SI NO ES RECTO, TIENE QUE MULTIPLICAR LAS ÓRDENES QUE DE TODOS MODOS NO SON SEGUIDAS".

CONFUCIO ESTABA HABLANDO DE CÓMO DEBÍA SER UN BUEN GOBERNANTE. CUANDO UN LÍDER HACE LAS COSAS BIEN, LA GENTE LO SIGUE DE FORMA NATURAL Y LAS ÓRDENES SOBRAN.

¡TE SEGUIMOS!

¡SEGUIDME!

¡HEY!

QUÉ PALO...

PERO SI ALGO FALLA EN SU MANERA DE GESTIONAR LAS COSAS O TRATAR AL PUEBLO, LA GENTE SE IRÁ DISTANCIANDO POCO A POCO DE ÉL, CON ÓRDENES O SIN ELLAS.

¡TENEMOS QUE SER COMO ÉL!

UN JEFE DEBE DAR EJEMPLO PARA QUE LOS SUBORDINADOS DECIDAN SEGUIRLO LIBREMENTE.

EN RESUMEN, QUE SER JEFE NO SE LIMITA SOLO A DAR ÓRDENES.

NO DIGO QUE SEAS UN VAGO, SUGIYAMA. PERO TAL VEZ DEBERÍAS DEJARLES VER QUÉ HACES Y POR QUÉ, PARA QUE ENTIENDAN TU TRABAJO.

HMMM...

ES UNA IDEA...

TAMBIÉN ES MUY IMPORTANTE...

...QUE EXISTA CONFIANZA ENTRE VOSOTROS.

EL MAESTRO DIJO...

SI NO SE PUEDE CONFIAR EN UN HOMBRE, NO SABRÍA QUÉ HACER CON ÉL.

"¿CÓMO PODRÍAS TIRAR DE UN CARRO QUE NO TUVIERA YUNTA O QUE NO TUVIERA YUGO?"

ES IMPOSIBLE MANTENER UNA BUENA RELACIÓN CON ALGUIEN EN QUIEN NO CONFÍAS.

LA CONFIANZA ES COMO LA YUNTA Y EL YUGO QUE MANTIENEN AL BUEY FIRMEMENTE SUJETO Y TIRANDO DEL CARRO.

CONFUCIO UTILIZÓ DOS OBJETOS SIN LOS QUE ES IMPOSIBLE QUE LOS ANIMALES DE CARGA CUMPLAN SU FUNCIÓN COMO METÁFORA PARA ILUSTRAR LO IMPORTANTE QUE ES LA CONFIANZA.

YUNTA

YUGO

LUEGO ESTÁ EL COMENTARIO SOBRE LA EXIGENCIA...

ESE SE LO DEDICÓ EN GENERAL A TODOS LOS DISCÍPULOS QUE ESTABAN PRESENTES ESE DÍA...

¿CÓMO ERA...?

EL MAESTRO DIJO: "EXIGID MUCHO DE VOSOTROS MISMOS, POCO DE LOS DEMÁS, Y EVITARÉIS LA INSATISFACCIÓN".

DEBEMOS SER NUESTROS JUECES MÁS SEVEROS.

¡MÁS!

¡TENGO QUE ESFORZARME MÁS!

NO PASA NADA.

TRANQUILO.

Y AL MISMO TIEMPO, SER BENEVOLENTES CON LOS DEMÁS.

ES LA MEJOR MANERA DE EVITAR ENVIDIAS Y RENCORES.

ENTONCES, ¿UN LÍDER TIENE QUE EXIGIRSE MUCHO A SÍ MISMO, PERO SER BENEVOLENTE CON SUS SUBORDINADOS?

¿SE TRATA DE ESO?

EXACTO.

ESE CONFUCIO ERA LA BOMBA.

COM-PRENDÍA A LA PER-FECCIÓN LA NATURALEZA HUMANA Y LAS COSTUMBRES DE LA SOCIEDAD.

SEGU-RO QUE TENÍA UN PODER INCREÍBLE, ¡NO HABRÍA QUIEN LE TOSIERA!

PUES NO, MÁS BIEN AL CONTRARIO.

CONFUCIO INTENTABA PONER EN PRÁCTICA SUS IDEAS PARA GOBERNAR BIEN.

BUSCABA FUNDAR UNA UTOPÍA.

UNA SOCIEDAD IDEAL EN LA QUE LA POLÍTICA ESTUVIERA BASADA EN LA VIRTUD.

SIN EMBARGO, LA REALIDAD ERA OTRA.

EN LOS ESTADOS REINABA EL CAOS Y LOS TIRANOS Y PODEROSOS NO DEJABAN DE ENFRENTARSE ENTRE SÍ.

EN SEME-
JANTES
CIRCUNS-
TANCIAS,
NADIE QUISO
DARLE UNA
OPORTU-
NIDAD.

FINAL-
MENTE,
CONFUCIO
SE QUEDÓ
SIN PODER
PONER EN
PRÁCTICA
SUS IDEAS
POLÍTICAS
PARA FORMAR
UN ESTADO
IDEAL.

NO OBSTANTE, TRAS CUMPLIR LOS 52 AÑOS...

TAP TAP

TAP

¡MAESTRO!

¿QUÉ OCURRE, ZILU?

¡HAN TRAÍDO UN MENSAJE DEL DUQUE DING!

EL DUQUE DING, EL GOBERNANTE DEL ESTADO DE LU, LE HABÍA MANDADO LLAMAR.

!?

Y ASÍ... AGRADEZCO VUESTRA PRESENCIA AQUÍ.

TENGO UN FAVOR QUE PEDIROS.

¡DESEO QUE TRABAJÉIS PARA MÍ!

¡SERÁ UN HONOR SERVIROS!

PARA CONFUCIO, QUE LE NOMBRARAN GOBERNADOR FUE LA OPORTUNIDAD DE HACER REALIDAD SUS SUEÑOS.

EL DUQUE DING LO DESTINÓ A LA CAPITAL DE LU, DONDE SE PUSO MANOS A LA OBRA.

CONFUCIO REDUJO LOS GASTOS DE LA CORTE Y BAJÓ LOS IMPUESTOS.

EN APENAS UN AÑO, EMPEZÓ A OBTENER RESULTADOS.

EL RESTO DE FUNCIONARIOS, SORPRENDIDOS, EMPEZARON A IMITAR SUS MÉTODOS.

EL MAESTRO KONG HA SUPERADO MIS EXPECTATIVAS.

DE ACUERDO.

LO NOMBRARÉ MI MINISTRO PRINCIPAL.

QUE ASÍ SEA.

TRAS LOS BUENOS RESULTADOS OBTENIDOS COMO GOBERNADOR DE LA CAPITAL, EL DUQUE DING NOMBRÓ MINISTRO A CONFUCIO.

EL MAESTRO POR FIN HABÍA LOGRADO SU OPORTUNIDAD PARA HACERSE CARGO DEL GOBIERNO DE UN ESTADO.

ES-
TADO
DE QI

¿CÓ-
MO?

¿QUE
LU NO
DEJA
DE
PROS-
PERAR?

DUQUE JING
Gobernante del
estado de Qi

ASÍ
ES.

DES-
DE QUE
NOMBRARON
MINISTRO
A CONFUCIO,
EL ESTADO DE
LU HA SOLUCIO-
NADO TODOS
SUS PROBLE-
MAS Y NO
DEJA DE
CRECER.

TEMO QUE
TERMINEN
POR CONVER-
TIRSE EN UN
PELIGRO PARA
NUESTRA
NACIÓN
DE QI.

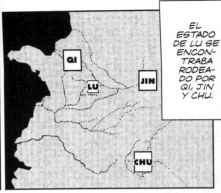

EL ESTADO DE LU SE ENCONTRABA RODEADO POR QI, JIN Y CHU.

EL DUQUE JING DESEABA QUE LOS ENFRENTAMIENTOS ENTRE JIN Y LU LE PERMITIERAN LLEGAR A CONTROLAR A ESTA ÚLTIMA NACIÓN.

QUE EL ESTADO LU ESTUVIERA AFIANZANDO SU POSICIÓN REPRESENTABA UN PELIGRO PARA SUS PLANES.

¡DUQUE JING!

!

TENGO UNA IDEA...

HA LLEGADO UN EMISARIO DEL ESTADO DE QI.

PROPONE LA FIRMA DE UN TRATADO DE ALIANZA EN JIA GU.

EXCELENTE. PARTIREMOS DE INMEDIATO.

...

ASÍ, LOS LÍDERES DE AMBAS NACIONES SE PRESENTARON SUS RESPETOS EN JIA GU.

¡¡VAYA!!

EL DUQUE JING DE QI HABÍA PLANEADO APROVECHAR LA OCASIÓN PARA HACER ASESINAR AL DUQUE DING DE LU.

...

FLASH

Z
AA
S
!?

¡¡ALTO AHÍ!!

¡UGH!

¡EX-CE-LEN-CIA!

UN GOBER-NANTE QUE SE PRECIE NO PIERDE EL TIEMPO EN ACTIVIDA-DES OCIO-SAS EN EL TRANSCUR-SO DE UNA REUNIÓN DIPLOMÁ-TICA.

ASÍ, CONFUCIO HIZO FRA-CASAR EL PLAN DEL DUQUE JING.

¡RETI-RAOS!

TAP
TAP
TAP

LA REUNIÓN CONCLUYÓ SIN MÁS INCIDENTES Y EL NOMBRE DE CONFUCIO QUE-DÓ GRABADO PARA SIEMPRE EN LOS ANALES DEL PERIODO DE LAS PRIMAVE-RAS Y OTOÑOS.

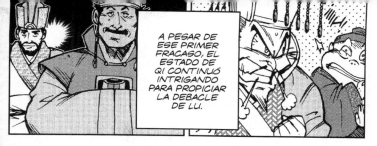

A PESAR DE ESE PRIMER FRACASO, EL ESTADO DE QI CONTINUÓ INTRIGANDO PARA PROPICIAR LA DEBACLE DE LU.

CH AN

OOOH...

¡KYAAAH!
¡KYAAAH!

♪, ♪, ♪...

EL ESTADO
DE QI ENVÍ
CABALLOS
Y MUJERE
COMO PRE
SENTE AL
SEÑOR
DE LU.

¿¡QUÉ
SIGNI-
FICA
TODO
ESTO!?

♪♪...

♪,♪
♪...

OOOOH...

¡EN-
VIAD-
LAS DE
VUELTA
AHORA
MIS-
MO!

NO
SEÁIS
TAN
SEVERO,
MAES-
TRO
KONG.

AL FIN Y
AL CABO,
SE TRATA
DE UN
REGALO.
DEBERÍAMOS
MOSTRAR
NUESTRO
APRECIO.

UGH...

332

EN COMPAÑÍA DE JI HUANZI, SU PRIMER MINISTRO, EL DUQUE DING SE RODEÓ DE MUJERES Y LICOR.

DURANTE TRES DÍAS ENTEROS, PASARON TODO EL RATO EN SU COMPAÑÍA, DESCUIDANDO POR COMPLETO EL GOBIERNO DE LA NACIÓN.

¡ESTÁ CLARO QUE EL DUQUE DING NO DEJA DE SER UN HOMBRE COMO LOS DEMÁS!

ZAS

LOS HABITANTES DE QI ENVIARON AL ESTADO DE LU COMO PRESENTE UN GRUPO DE MUCHACHAS QUE BAILABAN Y CANTABAN. JI HUANZI LAS ACEPTÓ, Y DURANTE TRES DÍAS DESATENDIÓ LOS ASUNTOS DE LA CORTE. ENTONCES CONFUCIO SE MARCHÓ.

DECEPCIONADO ANTE LA NATURALEZA DE LOS GOBERNANTES A QUIENES SERVÍA, CONFUCIO DECIDIÓ RENUNCIAR A SU CARGO Y ABANDONAR LU.

PLAS

ASÍ EMPRENDIÓ UN LARGO VIAJE PARA ENCONTRAR A UN GOBERNANTE QUE ACEPTARA TODOS LOS PRINCIPIOS DE SU ESTADO IDEAL.

SUS DISCÍPULOS MÁS AVANZADOS LO ACOMPAÑARON EN EL VIAJE.

A SUS 56 AÑOS, CONFUCIO INICIÓ SU PEREGRINAJE POR LAS TIERRAS DEL REINO MEDIO.

YAN HUI, QUE DESTACABA POR SU GRAN VIRTUD.

ZILU, MAESTRO EN EL ARTE DE LA ESPADA Y MUY HÁBIL EN ASUNTOS DE GOBIERNO.

Y ZIXIA, CUYA CULTURA Y CONOCIMIENTO SOBRESALÍAN POR ENCIMA DEL RESTO DE LOS DISCÍPULOS.

ZIGONG, QUE DESTACABA POR SU ELOCUENCIA Y SU TALENTO SINGULAR PARA LOS NEGOCIOS.

PORQUE LOS SEGUIDORES DE CONFUCIO NO SE CENTRABAN SOLO EN CULTIVAR LA SABIDURÍA...

...SINO QUE DESTACABAN EN MUY DIVERSOS CAMPOS, COMO LA ESTRATEGIA MILITAR O EL COMERCIO.

ME MUERO
DE HAMBRE,
¿AÚN NO
LLEGAMOS
A LA SI-
GUIENTE
CIUDAD?

NO
CREO
QUE
FALTE
MUCHO.

NADA
MÁS
LLEGAR,
PIENSO
HACER UN
PAR DE
NEGO-
CIOS.

DI LO QUE
QUIERAS,
PERO YO
GANO
DINERITO.

TÚ
SIEMPRE
CON LO
MISMO,
ZIGONG.

MAES-
TRO,
¿QUÉ
PEN-
SÁIS
VOS?

¿ES
CORRECTO
ASPIRAR A
LAS RIQUE-
ZAS MATE-
RIALES?

ASPIRAR A TALES COSAS PUEDE NO RESULTAR CONVENIENTE.

ES ALGO RELATIVO, PERO YO PREFIERO SEGUIR HACIENDO LO QUE MÁS AMO.

ANHELAR RIQUEZAS FORMA PARTE DE LA NATURALEZA HUMANA.

EL MAESTRO DIJO: "SI BUSCAR UNA RIQUEZA FUERA UNA ACTIVIDAD VIRTUOSA, LA BUSCARÍA, AUNQUE TUVIERA QUE TRABAJAR COMO GUARDIÁN EMPUÑANDO EL LÁTIGO. PERO SIENDO COMO ES, PREFIERO SEGUIR MIS INCLINACIONES".

NO TIENE NADA DE MALO ASPIRAR A ALGO CUANDO PUEDE SER TUYO.

EN MI CASO, AMASAR BIENES MATERIALES NO ME AYUDARÁ A CUMPLIR CON MI DESTINO DE ACUERDO CON LA VÍA.

POR LO TANTO, NO LO CONSIDERO COMO ALGO VIRTUOSO.

¿QUERÉIS DECIR QUE PARA ZIGONG SÍ LO ES?

TAL VEZ, PUESTO QUE TIENE TALENTO PARA ELLO.

NO OBSTANTE, NO DEBERÍA OBSESIONARSE CON ELLO.

TODO ES BUENO EN SU JUSTA MEDIDA.

EN ESO TÚ ERES MUY HÁBIL, YAN HUI.

NUNCA TE HE VISTO EMPLEAR O TOMAR NADA MÁS DE LO QUE VERDADERAMENTE NECESITARAS.

HACES DE LA FRUGALIDAD UN VERDADERO ARTE.

EL MAESTRO DIJO: "¡QUÉ ADMIRABLE FUE YAN HUI! UN PUÑADO DE ARROZ PARA COMER, UNA CALABAZA DE AGUA PARA BEBER, UNA CHOZA COMO REFUGIO: NADIE SOPORTARÍA TAL POBREZA, PERO LA ALEGRÍA DE YAN HUI PERMANECÍA INALTERABLE. ¡QUÉ ADMIRABLE FUE YAN HUI!"

NUNCA TE IMPORTÓ VIVIR EN UNA CASA DESTARTALADA.

TE CONFORMAS CON LA CANTIDAD JUSTA DE COMIDA Y BEBIDA.

AUNQUE TUVIERAS QUE SOPORTAR CONDICIONES MUI POBRES, JAMÁS MOSTRASTE DESASOSIEGO A TU PRÓJIMO Y SIEMPRE TE COMPORTARSE CON ALEGRÍA.

MIRADLE, ESTÁ COLORADO COMO UNA AMAPOLA.

JA!

JA.

¡JUA

BLA BLA

HAY MUCHO AMBIENTE EN ESTA CIUDAD.

¿QUÉ DEBE HACERSE CUANDO AUMENTA LA POBLACIÓN ASÍ?

EN PRIMER LUGAR, ASEGURARSE DE QUE TODOS TIENEN LO SUFICIENTE PARA VIVIR.

¿Y DESPUÉS DE ASEGURARSE DE ESO?

PROPORCIONARLES EDUCACIÓN.

DURANTE SUS VIAJES, CONFUCIO APROVECHABA CUALQUIER MOMENTO PARA INSTRUIR A SUS SEGUIDORES.

TAMBIÉN EXPLICABA SUS IDEALES Y PRINCIPIOS A LAS GENTES DE CADA LUGAR QUE VISITABA.

¡MAES-TRO!

ZIGONG PREGUNTÓ QUÉ ERA SER UN VERDADERO CABALLE-RO.

¿EN QUÉ CONSISTE SER UN CABALLE-RO?

CON-SISTE EN PREDICAR CON EL EJEM-PLO.

EL MAESTRO RESPONDIÓ: "ES QUIEN SÓLO PREDICA LO QUE PRAC-TICA".

NO HAY MEJOR LECCIÓN QUE LA QUE SE DEMUES-TRA CON LOS AC-TOS.

POR ESO, LAS PALA-BRAS DEBEN IR SIEMPRE PRECEDIDAS DE ACCIO-NES.

ZIGONG, TÚ HABLAS MUCHO, PERO ACTÚAS POCO. DEBERÍAS CORREGIR ESO.

SÍ, MAESTRO.

ADEMÁS DE ESO...

NO OLVIDÉIS CONCENTRAROS EN EL TODO Y NO SOLO EN LAS PARTES.

EL MAESTRO DIJO: "EL CABALLERO CONSIDERA EL TODO EN LUGAR DE LAS PARTES. EL HOMBRE COMÚN CONSIDERA LAS PARTES EN LUGAR DEL TODO".

APRECIO QUE OS LLEVÉIS BIEN ENTRE VOSOTROS, PERO NO A COSTA DE CEDER EN TODO COMO BORREGOS.

Y TENED EN CUENTA QUE UN CABALLERO BUSCA LA ARMONÍA, PERO NO EL CONFORMISMO.

PENSAD QUE ES EL HOMBRE COMÚN QUIEN BUSCA EL CONFORMISMO.

¿QUÉ HACEMOS CUANDO SE TRATA DE UN AMIGO? ¿TAMBIÉN BUSCAMOS LA ARMONÍA POR ENCIMA DE TODO?

ZIGONG PREGUNTÓ CÓMO TRATAR A LOS AMIGOS.

ANTE UN AMIGO, LO PRIMERO ES LA LEALTAD.

SIN EMBARGO, DEBEMOS OFRECER NUESTROS CONSEJOS CON DELICADEZA.

¡NO HAGAS ESO! ¡ASÍ NO!

¿EH?

EL MAESTRO DIJO: "DALES CONSEJOS LEALES Y GUÍALOS CON TACTO. SI ESTO FRACASA, DETENTE: NO TE EXPONGAS A SU REPULSA".

Y SI VEMOS QUE HACE OÍDOS SORDOS A NUESTROS CONSEJOS Y NO CORRIGE SUS FALLOS, NO MERECE LA PENA SEGUIR INSISTIENDO.

DE SEGUIR INSISTIENDO EN ESE CASO, SOLO OBTENDRÍAMOS SU DESDÉN.

A NADIE LE GUSTA QUE LE ECHEN EN CARA CONSTANTEMENTE SUS FALLOS.

ES NORMAL...

Y ALGO MÁS...

DEJAOS GUIAR POR LA RECIPROCIDAD EN VUESTRA VIDA.

NO HAGÁIS A LOS DEMÁS LO QUE NO QUERRÍAIS QUE OS HICIERAN A VOSOTROS.

"LO QUE NO DESEES QUE TE HAGAN A TI, NO SE LO HAGAS A LOS DEMÁS".

YO INTENTO ACTUAR SIEMPRE ASÍ.

PROCURO NO HACER A NADIE LO QUE NO QUERRÍA PARA MÍ.

ZIGONG DIJO: "YO NO QUERRÍA HACER A OTROS LO QUE NO QUIERO QUE ME HAGAN A MÍ".

EL MAESTRO DIJO: "¡OH, TODAVÍA NO LO HAS CONSEGUIDO!"

SI ESO FUERA VERDAD SERÍA ALGO ENCOMIABLE...

...PERO ME TEMO QUE AÚN ESTÁS EN ELLO.

¡JUA JA JA!

MAESTRO.

EL MAESTRO DIJO: "PONEDME A CAMINAR CON DOS PERSONAS Y OS ASEGURO QUE TENDRÁN ALGO QUE ENSEÑARME".

PODÉIS APRENDER MUCHO LOS UNOS DE LOS OTROS.

AUNQUE ZIGONG NO ES EL ÚNICO CON DEFECTOS QUE CORREGIR.

NO DEBEMOS MENOSPRECIAR LO QUE PODEMOS OBTENER DE LOS DEMÁS.

SI ALGUIEN CARECE DE CUALIDADES A IMITAR, SEGURAMENTE TENDRÁ DEFECTOS QUE EVITAR.

"PUEDO TOMAR SUS CUALIDADES COMO MODELO Y SUS DEFECTOS COMO ADVERTENCIA".

¡QUE ME SIRVA DE EJEMPLO!

QUE ME SIRVA DE ADVERTENCIA...

LA CLAVE ESTÁ EN PROCURAR IMITAR LO BUENO...

...Y UTILIZAR LOS MALOS EJEMPLOS PARA ESCARMENTAR DE LA EXPERIENCIA AJENA.

AUNQUE SOLO CUENTES CON LA COMPAÑÍA DE DOS PERSONAS, APRENDERÁS DE ELLAS.

HIP

LICOR

APROVECHAD QUE SOIS MUCHOS AQUÍ EN BUSCA DE SABIDURÍA.

ESTOY CONVENCIDO...

...DE QUE CONOCÉIS BIEN VUESTRAS CUALIDADES Y DEFECTOS.

¡APRENDED DE VOSOTROS MISMOS!

¡SÍ, MAESTRO!

ES MAESTRO QUIEN, REVISANDO LO VIEJO...

...CONOCE LO NUEVO.

SOLO AQUEL CAPAZ DE ADQUIRIR NUEVOS CONOCIMIENTOS SIN OLVIDAR LOS HECHOS PASADOS...

...ES APTO PARA SER UN MAESTRO.

OYE...

¿QUIÉN ES ESE HOMBRE QUE ESTÁ HABLANDO?

ES EL MAESTRO KONG, DEL ESTADO DE LU.

¡EL FAMOSO CONFUCIO!

LA POPULARIDAD DE CONFUCIO CONTINUÓ AUMENTANDO DURANTE EL PERIODO DE LAS PRIMAVERAS Y LOS OTOÑOS.

¡MAESTRO KONG!

NUMEROSOS SEÑORES SOLICITABAN SUS SERVICIOS.

ZAS

MI SEÑOR DESEA HABLAR CON VOS.

CONFUCIO SIEMPRE RESPONDÍA A LAS DUDAS QUE TUVIERAN.

LO LA-MENTO.

PERO YA SOY DEMASIADO MAYOR PARA ACEPTAR UN CARGO ASÍ.

SIN EMBARGO, AUNQUE MUCHOS LE PROPUSIERON CONVERTIRSE EN CONSEJERO...

NINGUNO LE OFRECIÓ UNA POSICIÓN QUE LE PERMITIERA ESTABLECER UN NUEVO SISTEMA DE GOBIERNO TAL Y COMO ÉL DESEABA.

RAC

RAC

Naturaleza y cultura en equilibrio

EN RESUMEN...

QUE CONFUCIO VIAJABA EN BUSCA DE UN ESTADO QUE LE PERMITIERA PONER A PRUEBA SU IDEAL DE GOBIERNO.

¿PRETENDES HACERTE CON EL PODER DE MI ESTADO?

NO ES ESA MI INTENCIÓN...

POR DESGRACIA, BASTANTES GOBERNANTES MALINTERPRETARON SUS INTENCIONES.

MUCHAS VECES SE VIO ENVUELTO EN CONFLICTOS QUE CASI LE CUESTAN LA VIDA.

POBRE CONFUCIO, AL HOMBRE LE PASÓ DE TODO.

ES QUE LA ÉPOCA EN LA QUE VIVIÓ, EL PERÍODO DE LAS PRIMAVERAS Y LOS OTOÑOS...

...FUE BASTANTE TURBULENTA Y CONFLICTIVA.

BUENO...

¿Y QUÉ PASÓ DESPUÉS DE TANTO VIAJE?

PUES, AL FINAL...

NADA HA SALIDO COMO YO ESPERABA...

¡AH!

¿MAESTRO? ¿OCURRE ALGO?

YAN HUI, ACABO DE DARME CUENTA DE QUE ME ESTOY HACIENDO MUY MAYOR.

EL MAESTRO DIJO: "ME ESTOY VOLVIENDO TERRIBLEMENTE VIEJO. HACE YA MUCHO TIEMPO QUE NO SUEÑO CON EL DUQUE DE ZHOU".

LA PRUEBA DE ELLO...

...ES QUE HACE MUCHO...

...QUE NO HE VUELTO A SOÑAR CON EL DUQUE DE ZHOU.

EL DUQUE DE ZHOU HABÍA SIDO UN GOBERNANTE DE LU EN EL PASADO.

CONFUCIO LO ADMIRABA PROFUNDAMENTE Y HABÍA BASADO GRAN PARTE DE SUS ENSEÑANZAS EN SUS PRINCIPIOS MORALES.

POR PRIMERA VEZ, CONFUCIO FUE CONSCIENTE DE QUE YA NO PODRÍA EMULARLO, PARA ÉL YA NO HABRÍA MÁ OPORTUNIDADE DE PONER EN PRÁCTICA SU UTOPÍA DE GOBIERNO.

HABÍAN PASADO 14 AÑOS DESDE QUE CONFUCIO HABÍA EMPEZADO SU PEREGRINAJE.

FINALMENTE, DECIDIÓ REGRESAR A LU.

UNA VEZ MÁS, MUCHOS BUSCARON SU CONSEJO, EN CONSIDERACIÓN A SU EDAD Y SU SABIDURÍA.

PERO CONFUCIO NO VOLVIÓ A LA ESFERA POLÍTICA.

SE CONCENTRÓ EN SEGUIR TRANSMITIENDO SUS IDEAS A SUS DISCÍPULOS.

EN EL AÑO 479 A. C., CONFUCIO TENÍA YA 73 AÑOS.

TAP TAP TAP

¡MAES- TRO!

AH...

LLEGAS TARDE, ZIGONG.

A PESAR DE QUE EL MONTE TAI* SE DERRUMBA...

...Y EL PILAR DE LA CASA SE VIENE ABAJO.

*EL MONTE TAI ERA UNA DE LAS MONTAÑAS SAGRADAS DE LA ANTIGUA CHINA.

MAES- TRO...

CONFUCIO, ENFERMO, SENTÍA QUE SU FINAL SE APROXIMABA Y UTILIZÓ UNA METÁFORA POÉTICA PARA TRANSMITIRSE- LO A ZIGONG.

SIETE DÍAS DESPUÉS, RODEADO POR SUS DISCÍPULOS...

...CONFUCIO EMPRENDIÓ EL DESCANSO ETERNO.

DURANTE LOS TRES AÑOS SIGUIENTES, SUS DISCÍPULOS VIVIERON CERCA DE SU TUMBA Y GUARDARON LUTO POR ÉL.

DESPUÉS, LOS QUE HABÍAN HONRADO A CONFUCIO SE INSTALARON CERCA DE DONDE HABÍA ESTADO SU CASA.

EL QUE FUE EL HOGAR DE CONFUCIO SIGUE EN PIE AÚN HOY EN DÍA EN QUFU, CHINA.

DURANTE EL RESTO DE SU VIDA, SUS DISCÍPULOS SIGUIERON TRANSMITIENDO INCANSABLES SUS ENSEÑANZAS.

RAN QIU DIJO: "NO ES QUE NO ME GUSTE LA VÍA DEL MAESTRO, PERO NO TENGO LA FUERZA PARA SEGUIRLA".

EL MAESTRO COMENTÓ: "QUIEN NO TIENE LA FUERZA SIEMPRE PUEDE ABANDONAR A MEDIO CAMINO. PERO TÚ HAS ABANDONADO ANTES DE EMPEZAR".

ESO SOLO PUEDES SABERLO SI ANTES LO INTENTAS.

MAESTRO, ADMIRO VUESTRAS ENSEÑANZAS, PERO NO SOY CAPAZ DE SEGUIRLAS.

MAESTRO, OS ASEGURO DESDE YA QUE NO MERECERÍA LA PENA. NO SERÍA CAPAZ DE MANTENERME EN EL CAMINO RECTO.

SI TUS FUERZAS FLAQUEAN, SIEMPRE ESTÁS A TIEMPO DE ABANDONARLO.

LO QUE ESTÁS HACIENDO EQUIVALE A RENDIRTE ANTES DE COMPROBAR SI DE VERDAD ERES CAPAZ O NO.

LA DIFE-
RENCIA
ENTRE EL
ÉXITO Y EL
FRACASO...

...SE
ENCUEN-
TRA EN LA
FUERZA DE
VOLUNTAD
DE UN
HOMBRE.

CON-
FUCIO
NO SE
RINDIÓ
JAMÁS.

ESE
EJEMPLO
DEJÓ HUELLA
EN SUS DIS-
CÍPULOS, QUE
SIGUIERON
TRANSMI-
TIENDO SUS
ENSEÑANZAS
A LAS GENE-
RACIONES
FUTURAS.

INTENTÓ
HACER
REALIDAD
SUS
IDEALES
HASTA SU
MUERTE.

PERO LO FUNDA-MENTAL ES QUE ÉL JAMÁS SE RINDIÓ.

CREO QUE ESO ES ALGO MUY IMPOR-TANTE.

¡TIENES RAZÓN!

CONFUCIO SABÍA LO QUE TE-NÍA QUE HACER.

FUE FIEL A SUS PRINCIPIOS, AUNQUE NO DIERAN FRUTO. ¡ESO TIENE MUCHO VALOR!

¿A QUE SÍ?

¡ME ENCAN-TARÍA PODER LLEGAR A SER COMO ÉL ALGÚN DÍA!

A MÍ ME IM-PRESIONA QUE DEDI-CARA TODA SU VIDA A ESE IDEAL.

BUENO, ¿Y CUÁL ES LA MORALEJA DE LA HISTO-RIA?

¿CÓMO DEBE VIVIR SU VIDA UN "CABALLERO" SEGÚN LAS ANALECTAS?

EN RESUMEN, ¿QUERÉIS DECIR?

BUENO, ESTA ES SOLO MI OPINIÓN...

PERO CREO QUE LO MÁS IMPORTANTE ES TRATAR DE LLEVAR UNA VIDA RECTA Y NO DEJAR NUNCA DE INTENTAR MEJORAR COMO PERSONA.

ENCONTRAR EL JUSTO EQUILIBRIO ENTRE NATURALEZA Y CULTURA.

¿EL JUSTO EQUILIBRIO?

¿NATURALEZA Y CULTURA?

NINGÚN EXTREMISMO ES BUENO, HAY QUE ENCONTRAR EL JUSTO EQUILIBRIO.

EL MAESTRO DIJO: "CUANDO LA NATURALEZA PREVALECE SOBRE LA CULTURA, SE TIENE A UN SALVAJE. CUANDO LA CULTURA PREVALECE SOBRE LA NATURALEZA, SE TIENE A UN PEDANTE".

SOLO CUANDO NATURALEZA Y CULTURA ESTÁN EN EQUILIBRIO, SE TIENE A UN CABALLERO.

¡TE VAS A ENTERAR!

JU, JU...

ES DECIR, SI PERMITIMOS QUE NUESTROS INSTINTOS HUMANOS SE IMPONGAN A LAS MANERAS SOCIALES, CORREMOS EL RIESGO DE SER UNOS BRUTOS.

POR EL CONTRARIO, CUANDO MANTENER LAS APARIENC[...] ES LO ÚNIC[O] QUE IMPULS[A] NUESTROS ACTOS, NOS CONVERTIMO[S] EN UNOS HIPÓCRITAS.

EL CABALLERO ES AQUEL QUE LOGRA EQUILIBRAR AMBAS TENDENCIAS EN SU PERSONA: NATURALEZA O INSTINTO Y CULTURA O NORMAS SOCIALES.

CULTURA

NATURALEZA

EN ESO CONSISTE EL JUSTO EQUILIBRIO.

HAY UNA ANÉCDOTA MÁS QUE ILUSTRA MUY BIEN LA IDEA DEL EQUILIBRIO.

MAESTRO, ¿QUIÉN OS PARECE MEJOR, ZIZHANG O ZIXIA?

EL MAESTRO RESPONDIÓ...

"ZIZHANG DISPARA MÁS ALLÁ DEL BLANCO".

ZIXIA SE QUEDA CORTO.

"ZIXIA NO LLEGA A ALCANZARLO".

ZIZHANG SE EXCEDE.

¿SIG-NIFICA ESO QUE ZIZHANG ES ME-JOR?

ZIGONG VOLVIÓ A PREGUN-TAR...

"AMBOS ERRAN EL BLANCO".

NINGU-NO DE LOS DOS ALCANZA SU OBJE-TIVO.

NO.

POR ESO ES TAN MALO EL EXCESO COMO EL DEFECTO.

EN LA VIDA HAY QUE EVI-TAR LOS EXTRE-MOS.

AH, ESA ANÉCDOTA ME SUENA.

SEGURAMENTE PORQUE ES UNA DE LAS MÁS CONOCIDAS.

HACE REFERENCIA A LA OPINIÓN PÚBLICA.

EL MAESTRO DIJO: "CUANDO UN HOMBRE ES RECHAZADO POR TODOS, HABRÍA QUE INVESTIGAR. CUANDO A TODO EL MUNDO LE GUSTA ALGUIEN, HABRÍA QUE INVESTIGAR".

NOS DICE QUE DEBERÍAMOS PENSAR POR NOSOTROS MISMOS ANTES DE JUZGAR A LOS DEMÁS.

PERO, PARA MÍ, LA MÁS INTERESANTE ES ESTA OTRA.

HMMM...

BUUF...

POR EJEMPLO, NO ES NATURAL QUE TODO EL MUNDO ODIE A UNA MISMA PERSONA. HAY QUE DESCUBRIR CUÁL ES EL MOTIVO.

TAMPOCO ES NORMAL QUE ALGUIEN CAIGA BIEN A TODO EL MUNDO, POR LO QUE TAMBIÉN DEBEMOS ANALIZAR EL PORQUÉ DE UN COMPORTAMIENTO PARECIDO.

CUANDO SE INCENDIARON LOS ESTABLOS, EL MAESTRO DEJÓ LA CORTE Y PREGUNTÓ: "¿HAY ALGUIEN HERIDO?"

UNA VEZ, SE PRODUJO UN TERRIBLE INCENDIO EN LOS ESTABLOS.

AL DARSE CUENTA DE LO QUE OCURRÍA, CONFUCIO LLEGÓ CORRIENDO DESDE LA CORTE, LLENO DE PREOCUPACIÓN.

¿¡ALGUNO DE LOS MOZOS ESTÁ HERIDO!?

NI SIQUIERA MENCIONÓ A LOS CABALLOS.

HOY EN DÍA PUEDE RESULTARNOS EXTRAÑO, PERO EN AQUELLA ÉPOCA LA VIDA DE UN MOZO DE CUADRA TENÍA MUCHO MENOS VALOR QUE LA DE UN CABALLO.

BUUF...

PIAF

PIAF

PERO LOS IDEALES DE CONFUCIO VALORABAN AL SER HUMANO POR ENCIMA DE TODO. EN ESE SENTIDO, ERA UN ADELANTADO A SU TIEMPO.

AUNQUE ME TEMO QUE HOY EN DÍA LA SOCIEDAD AÚN SIGUE DANDO PRIORIDAD A OTRAS COSAS POR DELANTE DE LAS PERSONAS.

SERÍA UNA MARAVILLA SI LAS COSAS FUNCIONARAN ASÍ, ¿EH?

BUENO...

SIEMPRE QUEDA GENTE COMO LA PROFESORA MUU, QUE DIO UNA GRAN LECCIÓN DE "HUMANITARISMO" AL ARRIESGAR SU VIDA PARA SALVAR LA DE AQUEL NIÑO.

ESO TAMBIÉN ES VERDAD.

...

PERO...

A PESAR DE HABER AYUDADO AL NIÑO... ELLA ACABÓ MUERTA.

¡CÁLLATE! ¡NO LO DIGAS ASÍ!

ES QUE...

TIENE TODA LA RAZÓN, VIVIMOS EN UN MUNDO MUY CRUEL.

VIVIR

TE HACE PENSAR QUÉ ES EXACTA- MENTE VIVIR...

¡ES MUY SENCI- LLO!

¡¡VIVIR CON- SISTE EN COM- PRENDER EL DES- TINO!!

¡¡UAA!!

¿¡EH!?

RAAAAAC

¡PRO-FE-SORA MUU!!

EN CARNE Y CUERNOS...

¿iENTONCES ESTÁ VIVA!?

JE... JE...

¡YA LO ESTÁIS VIENDO!

¿iCÓMO ES POSIBLE!?

COSAS QUE PASAN.

EN REALIDAD FUE UN MILAGRO QUE NO ME AHOGARA, PORQUE LA CORRIENTE ME ARRASTRÓ HASTA EL MAR.

UUUGH...

CUANDO DESPERTÉ, ESTABA EN UNA PLAYA, EN UN LUGAR DESCONOCIDO.

HMMM...

DO... ¿DÓN-DE ES-TOY?

¡ES UNA VACA!

...

...

¡PUES CLA-RO!!

¡MUUU!

SE ME OCURRIÓ QUE PODRÍA REALIZAR UN VIAJE A PIE DESDE ESA PLAYA DESCO-NOCIDA HASTA MI CASA.

¡RECORRE-RÍA LAS DISTINTAS NACIONES COMO HIZO MI ADMIRA-DO CON-FUCIO!

JA JA JA

AUNQU... EN M... CASO... SIN S... LIR DE... PAÍS...

SIN EM-BAR-GO...

¡¡AÚN ESTÁIS MUY VERDES!!

ÑUG

¿¡EEEEH!?

EL MAESTRO DIJO: "A LOS 15 AÑOS ME DEDIQUÉ A APRENDER. A LOS 30, ME ESTABLECÍ".

"A LOS 40, NO TENÍA DUDAS. A LOS 50, CONOCÍ LA VOLUNTAD DEL CIELO".

"A LOS 60, MI OÍDO ESTABA SINTONIZADO. A LOS 70, SIGO TODOS LOS DESEOS DE MI CORAZÓN SIN QUEBRANTAR NINGUNA LEY".

¡ESO NOS LO HA CITADO ANTES IIDA!

ES DE LAS ANALECTAS.

¡MUY BIEN! ¿HABÉIS REPARADO EN LAS PALABRAS CLAVE?

A LOS 15 AÑOS, CONOCIMIENTO.

Sobresaliente

A LOS 30, INDEPENDENCIA.

A LOS 40, CERTEZA.

A LOS 50, SABIDURÍA.

NO

A LOS 60, ATENCIÓN.

Y A LOS 70, SENCILLEZ.

ES LA MANERA EN LA QUE CONFUCIO RESUMIÓ SU VIDA.

SE INDEPENDIZÓ POR COMPLETO A LOS 30 Y SE SENTÍA SEGURO DE SÍ MISMO A LOS 40.

PERO NO DESCUBRIÓ CUÁL ERA SU DESTINO HASTA LOS 50.

DICHO DE OTRA FORMA...

CONFUCIO SIGUIÓ AVANZANDO Y APRENDIENDO A MEDIDA QUE IBA ENVEJECIENDO.

MIENTRAS ESTÉIS EN ESTE MUNDO...

EL CONOCIMIENTO ES TAN AMPLIO QUE JAMÁS TERMINAMOS DE APRENDERLO TODO.

ES LO QUE VAMOS APRENDIENDO POCO A POCO LO QUE AL FINAL NOS MOLDEA COMO PERSONAS.

¡NO DEBÉIS OLVIDAR JAMÁS QUE EL APRENDIZAJE DURA TODA UNA VIDA!

¡¡SEGUIREMOS ESTUDIANDO!!

¡¡SÍ, PROFESORA!!

JE, JE...

EN FIN...

YA SE HA HECHO BASTANTE TARDE.

¡¡UA!!

¡ES VERDAD!

EL TIEMPO HA VOLADO.

Y SUS PALABRAS NOS DAN LECCIONES DE VIDA.

el manga

FIN

Confucio (551-479 aC), nombre que proviene de la transcripción fonética de K'ong Fou-Tseu («Maestro Kong») vivió en una época en que China, dividida en Estados feudales, atravesaba una época política y socialmente turbulenta. Confucio, miembro de la pequeña nobleza tradicional del Estado de Lu, pensó en conseguir para su país estabilidad y orden; una idea parecida –el establecimiento de un «Estado ideal»– a la de Platón, unos años más tarde en Grecia. Y lo mismo que el «filósofo-rey» de Platón (427-347 aC), el gobernante ideal era para Confucio el hombre que lograba ser virtuoso a través de la cultura y del conocimiento: el «hombre superior», el «hombre principal», o «el Caballero». En sus viajes por todo el país, persiguiendo su ideal, Confucio arrastró tras de sí a unos 3000 discípulos fieles, que se encargaron luego de redactar sus diálogos con el Maestro en las llamadas *Analectas*, base del pensamiento que se llamó «confucianismo», que, junto con el budismo y el taoísmo, constituyeron la escuela de pensamiento principal en China, y lo sigue siendo todavía hoy para China, Japón y Corea. La principal virtud confuciana es el «humanitarismo» (el *ren*), la bondad, la humanidad, expresada con la máxima «trata a los demás como querrías que te trataran a ti». Socialmente, la virtud se expresa en que cada cosa (y cada hombre) se comporte según lo que expresa su esencia ideal, su «Camino» (su *dao*): «Un vaso que no parece un vaso ¡vaya vaso!», dicen las *Analectas*.

Y también dicen: «El Camino no está lejos, pero se piensa poco en él». El Camino, el *dao*: el destino ideal.